细讲使命与发心

XIJIANG SHIMING YU FAXIN

一本书读懂企业未来可持续发展之道

李柏映 ◎著

中国经济出版社
CHINA ECONOMIC PUBLISHING HOUSE
· 北京 ·

图书在版编目（CIP）数据

细讲使命与发心／李柏映著．-- 北京：中国经济出版社，2023．3

ISBN 978－7－5136－7263－4

Ⅰ．①细… Ⅱ．①李… Ⅲ．①中华文化－影响－企业管理－经济思想－研究－中国 Ⅳ．①F279．23

中国国家版本馆 CIP 数据核字（2023）第 044125 号

策划编辑　海　毅
责任编辑　王　帅
责任印制　马小宾

出版发行　中国经济出版社
印 刷 者　中煤（北京）印务有限公司
经 销 者　各地新华书店
开　　本　710mm×1000mm　1/16
印　　张　12．75
字　　数　131 千字
版　　次　2023 年 3 月第 1 版
印　　次　2023 年 3 月第 1 次
定　　价　58．00 元
广告经营许可证　京西工商广字第 8179 号

中国经济出版社 **网址** www．economyph．com **社址** 北京市东城区安定门外大街 58 号 **邮编** 100011
本版图书如存在印装质量问题，请与本社销售中心联系调换（联系电话：010－57512564）

序言

Preface

2020年年初，一场突如其来的新冠疫情打乱了全球经济秩序，2021年疫情时有起伏，2022年疫情似乎来得更加猛烈，将很多城市和地区团团笼罩，也让很多企业家为疫情所困，为疫情所累。

明德企业文化研究院多年以来一直在探索如何为企业服务，我自己从之前的一名企业培训师，到企业的咨询顾问，到中华文化的学习者、受益者，再到将中华文化与企业实践相融汇的落地者，这些年我一直在陪伴企业家成长。尤其近六年，我一直在带企业班、带“精进180”班，这使我对企业有了一个更深的理解，或者说有了更深的领悟。所以，这次细讲一下《使命与发心》这本书。

其实，我在开始撰写这本书前筹划已久，想着为企业写一本实用的书，但一直没时间写。直到2020年新冠疫情到来，不能出门了，而家人也在此时生病了，于是我利用在医院陪伴家人的时间完成了这本书。后来，在世界知识出版社朋友们的帮助下该书很快就出版了。国内很多朋友读后反馈说很好、很受益，也有些朋友及企业办了很多期的读书会。我个人认为，这本书对中国企业是很有帮助的，能从根本上解决企业所遇到的问题。

就在这一年，我们不仅讲了这本书，还在线上累计开设了十八次课程：在明德企业文化研究院开了十一次，有《在疫情中思考企业家的时代责任》《使命的力量》《发心的力量》《愿有多大力有多大》《企业家的道思维》《怎样把握市场机遇》《人才与团队》《产品为王》《企业文化与哲学共有》《企业家的心性修炼》《商业王道》；后来与其他组织机构合作了七次，与未来商学院的《未来可持续发展之道》，与方太集团的《文化的力量》，与大连创业发展研究会的《如何实现企业的逆势增长》，还有与盛和塾的《用稻盛思想突破企业经营困境》系列四讲。这一系列课程结束后，大家普遍反映这些内容不管对个人还是对企业帮助都很大，受益匪浅。

所以，在《使命与发心》这本书出版之后，我又陆续把所讲内容整理成书，有《逆境突破》《用稻盛思想突破企业经营困境》《逆境文摘》《稻盛随笔》。2022 年，我又出版了一本书叫《商业问道》，书中包含“商业 108 问”，其中很多问题都是专门教企业如何突破困境的。就这样我一共编写了六本书。

现在再回看这些书，确实是把那个时期我的个人思想、个人观点等毫无保留地展示在里面了，也代表了我们对“疫情下的企业如何突围”这个问题的一些观点、建议和方法。所以建议大家把这些书籍找出来多读读，说不定里面的哪一段话就帮到了你，让你重新获得力量，拾起信心，从而更好地应对企业经营中的一切问题。再就是建议大家成立线下读书会，把这一系列书籍，包括《使命与发心》在内共计七本，有序地、深入地去好好读读，划重点、记笔记、齐交流、抓落实，相信大家一定会有很大收获的。目前国内专门为“疫情下的企业”而写的书比较少，我记得国内能看到的书就有两本：一本是陈春花教授为疫情下企业而写的《危机自救：企业逆境生存之道》；一本是稻盛和夫先生过去的著作《在萧条中飞跃的大智慧》，这本书中的很多思想我也摘录到了自己所写的书籍当中。总之，以上提到的七本书，我个人觉得很重要、很有用，所以建议企业家朋友们一定好好用起来。

说到这儿，有朋友可能会问，既然书中都已经写得很清楚了，那为什么还要再讲《使命与发心》这本书呢？一方面，使命与发心这部分内容确实可以帮助企业从根本上解决目前大环境下的困难；另一方面，本次将从不同视角、不同方面来阐述使命与发心，希望这些内容与书籍内容相得益彰，能更好地帮助大家。

目录

Contents

第一章

企业到底是怎么一回事儿

第一节

一家企业为什么遭遇经营困境

企业遇到困境，这只是我们表面看到的现象，根本处还是在使命与发心上遇到了困境。

企业遇到困境，这只是我们表面看到的现象，根本处还是在使命与发心上遇到了困境。为什么这么说呢？我们来详细剖析一下。

一家企业为什么会遭遇经营困境？通常我们会看到很多外部原因，比如市场订单突然减少了，客户消失了，物流不能运输了，供应商不供货了，客户不采购了，银行不给持续贷款了，等等。我们常常被这些原因所困住，认为就是这些原因导致企业遭遇困境的，而这些原因都是不可控的，想在这里找答案并非易事。

那么根本原因在哪里呢？在内部。内部又是什么原因呢？根据我多年的经验来看，内部原因有两个，也是根本性的原因：一个在显性，是企业不明企业之道。也就是说，虽然在做企业，但对于企业到底是怎么一回事儿，没有系统、深入地学习过，不明其道。另一个在隐性，是企业的业力种子爆发，一般情况下大家很难注意到这点。如果能把这两个原因理顺，企业应该就不会有什么风险，那些外在问题也能够迎刃而解。因为真正决定企业生死的不是表面的外在原因，而是深层的内在原因。但由于中国企业这些年忙于发展、忙于很多现实学习，对企业道层面的学习、对企业隐性世界的探索还是一片空白，所以也就从来没有想过用道来做事，基本上处在“事中迷”这么一个现状。

关于隐性部分内容，我建议大家通过两本书来学习：一本是比较流行的老书，叫《能断金刚》；另一本是它的姊妹书，叫《业力管理》。其中《能断金刚》中讲了四十六个商业问题，告诉我们哪些隐性的业力种子会给企业带来麻烦。大家可以自己看书，也可以召开线上读书会进行研讨学习，这样就可以解决关于隐性部分的问题。

关于显性部分的企业之道内容，我们将从六大板块去分析，所用的教材就是《使命与发心》这本书，但也不是完全讲里面的内容，因为书中内容不用我讲大家都知道了，本次将结合实际，从不同角度来说一说企业之道。

事业，我们都很熟悉，它其实就是一个事物。那我们观察一个事物，怎么能观察得更明白、更透彻呢？从两点去观察，一个是缘起，一个是心性。缘起侧重一个事物的整个规则和规律；而事物又是由人做的，是因人而成的，所以加了一个条件——心性，这“心”既包括创始人的心，也包括员工的心。只要把这两点看透了，整个事物就看明白了，而这两点也可以用两个词来表达，就是使命与发心。使命是说让企业回归正确的缘起，发心是说让企业家回归正确的心性。这两点调整正确了，企业基本上就能步入正轨了。

我们一直说“企业之道”，那这个“道”具体说的是什么呢？“道”说的就是：这家企业因何而生，因何而兴？因何而乱，因何而治？因何而危，因何而安？因何而衰，因何而亡？各位朋友，假如这是一张答卷，有以上八道考题，作为一个企业当家人、董事长，如果你能够很清晰地、正确地、透彻地答完，那么你的企业一般来说不会有大的风险。因为你该看的基本都看到了，该想的基本都想到了。若你总是成绩不及格，企业一定会有风险。

今天的我们，判断一家企业总是看销售额，看具体事项，看去年做了多少市场、多大规模出来，其实这就是关注企业的什么呢？利润，只关注挣钱，只关注利润。殊不知，很多企业在挣钱中突然倒闭了，很多企业在亏损中也倒闭了，是怎么回事呢？也有些企业在挣钱中兴盛了，也有些企业在亏损中转兴盛了，这又是什么原因呢？所以，关于“道”这一根本问题如果大家没有去思考过、探索过的话，企业将会一直在危机中前进。正因如此，我们一定要建立一种正确的“道”思维，你一定要知道你的企业生由何生，兴由何兴，乱由何乱，治由何治。

举一个老例子，我在多年以前曾竭力劝说我的朋友们退出校培补课市场。他们当时在这个市场赚了很多钱，我说不要再做了，可他们不明白，问我为什么。我说：“这个说起来太复杂，你未必愿意听，因为你的思维当中都是怎么请一个能提分的好老师，怎么招到更多的学生和家长，怎么能够做合理的营销方案，怎么挣更多钱，但有一点你没有想到，就是这家企业的生死存亡之道。什么原因你没有悟出来。”后来这件事就放下了。近两年，大家知道这个行业发生了很大变化，变化很大不要紧，如果能够停下来对企业、事业的兴衰成败之道进行深刻的学习与领悟，你依然可以东山再起，否则你只能被迫转行。即使转行，也不管转到哪一行，你还是在做事业，只要仍在做事业，那么事业的兴衰成败之道都是一样的。

针对此，最有趣的证明就是稻盛和夫先生的经营企业之道：他做第一家企业——京瓷成功了，做第二家企业——KDDI 也成功了，为了告诉我们“道”的力量，就跨行业做，“拯救日航”还是成功了。那请问“术”上相通吗？日航的管理经验，稻盛和夫先生有吗？没有。日航的技术，稻盛和夫先生熟悉吗？不熟悉。那他为什么可以拯救日航？大“道”相同。稻盛和夫先生在“企业之道”方面是非常娴熟的，所以不管在哪个行业，他都能把企业经营得很好。这也是今天，作为企业家的我们应该努力奋斗的方向。

现在商业大环境中，我们经常会看到很多项目接二连三地都倒下了、失败了，真的很遗憾，但失败又是必然的，因为“当局者迷”，他们根本没有看清企业的兴衰之道。所以，我在努力培养我的学生，他们将来可能有从政的、有从商的、有从教的，等等，各行各业的都会有，那将来他们若想真正成为这个行业的高端人才，必须学会什么呢？以道驭术。这个道是什么？若要从政就得知道治国之道；若要从商就得知道治企之道；若要从教就得知道育人之道……如果这些都不明白，你奋斗一生，最后到底是误人子弟，还是成就了人才，都未可知。所以这也是我一直在呼吁的，希望中国企业尽早进入现代商业文明，进入道的层面去思考问题。

第二节

明道与走出困境的关系

如果你能明道：

第一，你会找到企业困境的真正来源。

第二，你会重建企业发展思维，第二次创业。

第三，当思路清晰后，你会得到各方资源的支持。

第四，即使暂时依然困难，你的内心也不再彷徨。

在我看来，就是人在企业中不明企业道，由此而做出种种决策。这个危机很大，这种企业哪怕发展得很壮大、很有钱，在国内很有名，都无法避开危机，都不知道明天和危机哪一个先到来。人在企业中不明企业道，衰败是难以避免的。不要说企业，大到一个国家也是如此。20 世纪的罗马尼亚曾经一度很兴盛，可最后走向了腐败。原国家元首齐奥塞斯库，最后被判死刑，被乱枪打死，真的让人觉得非常惋惜。他们曾经有很多美好的愿望，也希望国富民强，可走着走着忘了初心，走着走着忘了治国之道，最终走向灭亡。而罗马尼亚的国家史可能会成为很多企业的企业史，一度很兴盛，最终落到萧条甚至倒闭。根本原因是什么呢？企业虽然兴盛了，但道没有明白。

有的朋友会问，老师，我们这次谈疫情下走出困境，你要教我们走出困境的方法，跟我们讲“道”干什么呢？那接下来我们看看明道与走出困境有什么关系？

如果你能明道：

第一，你会找到企业困境的真正来源。用道来推断，你会发现原来困境是这样产生的。

第二，你会重建企业发展思维，第二次创业。你会思考过去哪些事情做对了，哪些事情做错了，如果那些错误的事情没有再延续，那些对的事情能够坚持下来，企业就不会走到今天。

第三，当思路清晰后，你会得到各方资源的支持。做企业这么多年肯定有很多社会资源和朋友，朋友想不想帮你呢？想帮你，但是怕越帮越败，帮到最后难回头。如果你经营企业的思路非常清晰、明白，各方都愿意帮你，因为他们看到了曙光，看到了你前方的光明。大家都愿意帮一个明白人，而不愿意帮一个糊涂人。

第四，即使暂时依然困难，你的内心也不再彷徨。困难对于大家来说，彼此都差不多，你家困难他家也困难，全世界都一样，环球同此凉热，关键是什么？关键是在困难中谁能找到思路，在困难中谁能看到出路，这是根本。而这个思路和出路不是一个简单的想法、妙招，更不是妄想奇思，它是完全基于道的实践运用。因为妄想是不可以实现的，只会加重你企业的困难，基于道的实践运用会产生企业真正的出路。

这也是想和大家重点分享“企业之道”这部分内容的原因。相信只要朋友们听懂了、听明白了，那么你一定能让企业从根本上解决问题并从困境中走出来。关于具体的实践方法，大家可以参考序言提及的七本书。

第三节

用『体、相、用』来解析企业

『识得企业真面目，从此经营更不同。』只有把企业的真面目看清了，经营才会越来越好。

我们知道，万事万物皆有其道，企业也有企业之道，而这个“道”就是规律，就是道理，它是客观存在的。只是过去我们看的是随机的、无序的组合，没有看明白企业内在的有机联系、它和社会的联系等。那企业到底与何相关？它由什么构成？它基于什么而产生？这些谈的都是“道”层面的问题，我们用一个词来表示，叫“缘起”。

那么企业的缘起是什么？企业到底是怎么一回事儿呢？我们不妨来分析看看，过去我们看企业，叫“不识庐山真面目，只缘身在此山中”。我们天天做企业，很少想过这家企业到底是怎么一回事儿，后来我加了一句话“识得企业真面目，从此经营更不同”。只有把企业的真面目看清了，经营才会越来越好。就像我们做学校一样，每天在学校里抓教学、抓师德、抓课程、抓活动、抓文化，什么都要抓。那到底对不对呢？会不会耽误孩子？能不能跟上国家的脚步？不好说，为什么？只缘身在此山中。

所以，我们经常要停下来，研究教育之道，研究学校为什么存在，研究学校是怎么一回事儿，研究学校的使命和缘起。离开学校看学校，跳出学校看学校，这样才能把学校看懂，才知道应该做什么。我经常和老师们说一句话：不是我们想要做什么，而是国家需要我们做什么。我也一直努力地、反复地引导老师们进入“道”思维，因为我们想要做的不一定是对的，而国家需要我们做的一定是准的。

我们想了解企业是怎么一回事儿，首先得知道一家常规企业大致长什么样子。那它到底长什么样子呢？最常看见的是什么？产品和业务。华为做手机，格力做电器，方太做厨电，苹果做手机，产品和业务是最容易为社会所了解的。再深入看，事以人成，团队、员工、高管、决策层。再往里看，有软件、有硬件，软件：技术、制度，硬件：厂房、设备。最后还有资金流、信息流等。这就是一家企业大致的样子。

细想一下，我们每天都在和这些打交道，可以统用一个词来代替，叫“相”。也就是我们把这些能直接看到的，都称作

“相”。我们看企业带着产品、业务、团队、硬件、软件、资金，它和社会进行了互动，把产品卖给社会，为社会服务，社会再提供资金、提供服务费用。顾客端和社会进行联结互动，这样企业有可能盈利，也有可能亏损。这是我们能看到的、常见的每家企业基本运作的样子。

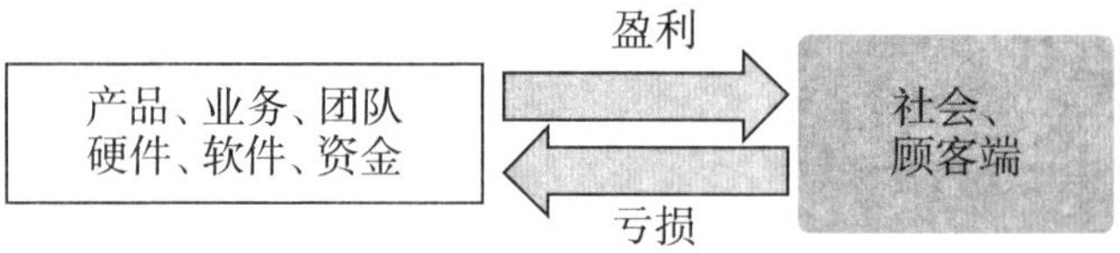

沿着这个思路深入分析，透过我们能够看到的现象，深究背后的原因。那决定企业亏损或是盈利的是什么？这时候我们需要导入一个新词——“用”。“用”指的是什么？就是企业的社会贡献、社会价值。德鲁克先生把它称作“外部成果”，就是一家企业能够为社会创造什么价值，做出什么贡献。大家注意看，我们从“相”向前移了一步，移到哪里了？“用”。决定企业盈利或亏损的并不是“相”，而是“用”。比如我们做学校，学校的教师、教材、教室、活动、课程、文化，都属于什么呢？“相”。可真正决定这所学校发展还是倒退的并不是“相”，而是由“相”所产生的一种结果，叫作“用”。就是这所学校能不能为社会做出贡献、能不能为社会创造价值，由这个来决定的。这个我们可以用一句话来形容：有用则存，无用则亡；小用则弱，大用则强。

一个组织，不管是一所学校，一家单位，还是一家企业，如果它对整个社会是有用的，那么就应该存在，因为它有了存在的价值；如果它对这个社会没有用，那么就应该消亡，因为它占用了社会的资源。其实，社会所关注的并不是组织本身的存亡问题，而是组织对社会的价值所在。是存还是亡，是组织自己的事；社会看的只是组织的“用”，是通过“用”来进行判断的。如果组织对社会的“用”很小，那么就做不大；如果组织对社会的“用”很大，那么一定会强大起来，这是一个基本规则，也叫客观规律。什么叫客观规律？就是不以人的意志为转移。

大家注意看，企业的所有动作是由“相”发出的，可是它的盈利或亏损由什么决定呢？“用”决定的。对企业的整个观察视角发生变化了，不仅要观察企业的“相”，还要关注企业的“用”。一所学校能给社会带来什么？这也是我每天要思考的。经过多年探索发现，我的学校能为社会做出的贡献有：

第一，为社会输送合格的、优秀的人才，而且尽可能高端、高质量。这是根本贡献，也是必须坚持的，如果能完成这个贡献，这所学校就应该存在。

第二，贡献出一套育人体系。如果这套育人体系是对的、是合理的，那应该为尽可能多的学校所普及、所借鉴，帮助他们一起培养人才。

第三，为更多家庭贡献出和谐、幸福的方案，帮助他们不断走向和谐、幸福。一所学校连着几百个家庭，如果这几百个家庭因为和我们一路同行而变得和谐、幸福，那我们也会倍感欣慰。

如果这三点都实现了，那我相信我们的学校就会一直存在，并能够一步一步壮大起来，所以我关注的不只是我们在教什么，更关注的是我所教的成果是什么，看看成果端是不是指向人才，如果是，我们将会做出一系列的社会贡献，这也是我们做学校时对学校的判断。我们把精力放在“相”上，但是把关注点却放在“用”上。通过“用”来判断我的“相”对不对：“用”对了，“相”就对了；“用”错了，“相”就错了。所以，决定盈利或亏损的是那个外部成果“用”并不是内部成果“相”。

真正能够评价一家企业的是什么？是市场，是顾客端、是社会，就是那个“用”字，也正是因为“用”产生了企业的盈利和亏损，而这个“用”也叫外部成果或社会贡献。由此可见，一家企业是盈利还是亏损，不只是看你做了什么，更重要的是看你所产生的社会价值。社会贡献大，盈利就大；社会贡献小，盈利就小；社会贡献无，盈利就无。有朋友可能会有疑问，说：“我看有的企业没有社会贡献怎么还盈利呢？”那只是一时的，也正是危机之所在，千万不要羡慕那种事儿。所以，企业不能单纯以盈利额来观察与评价，更要关注它的社会贡献值，这不是喊口号，是客观规律。

我们站在“用”端来观察，企业行为可能有四种情况：第一种有效动作；第二种无效动作；第三种高效动作；第四种低效动作。在企业的日常经营中，我们可能会很忙，也做了不少动作，但这些动作有的属于有效的，有的属于无效的，有的属于高效的，有的属于低效的，到底属于哪一类？如果不站在“用”端，我们是看不出来的。

举一个教育的例子，有家长打电话问我说：“老师，我的孩子不愿意写作业，您看怎么办?”我说：“首先要分清孩子写的作业是有效作业还是无效作业，如是无效的，不写作业刚刚好。”所以作为老师，首先要确保给孩子留的是有效作业、高效作业，那么这个作业对孩子是有意义的。我们学校有一个班级在留作业方面很有创意，他们遵照党的教育方针，提出要成为“德、智、体、美、劳全面发展的社会主义建设者和接班人”，到了周末是这样留作业的：把全班孩子召集在一起写了五项，德、智、体、美、劳，根据这五项，孩子们自己来商定本周末要做哪些作业，做哪件事儿符合育德？哪件事儿符合育智？哪件事儿能够育体？哪件事儿能育美？哪件事儿能增强劳动能力？根据这五项来留足作业，这不是老师一个人留的，是和学生共同商量的，学生们非常积极，因为他们知道这五项作业对自己是有效、有益、有帮助的，所以每个周末孩子们回家都是在“德、智、体、美、劳”的作业中度过的，这样连续六年、十二年下来，大家说能不能出人才？

一家企业为什么会亏损？是因为做了很多无效动作、低效动作。但为什么企业不知道呢？就是因为没有站在“用”端来看。就像我们做学校一样，“用”端在哪里？在企业、在大学、在政府、在社会，他们需要什么人才？第一有德，第二有志，第三有体，三个基本硬件。那么我们在学校上的每一节课程，做的每一项活动，留的每一项作业，它一定是指向什么？德、智、体。长期持续的育德、育智、育体，保证学校的每一堂课都是有效动作、高效动作，那么这样持续下来，学生怎么可能成不了人才呢？怎么可能走不进社会呢？怎么会失业呢？就是这么一个最基本的思维，这一思维叫缘起对应思维。所以只要我们从“用”端来观察，就会发现很多动作是无效的或是低效的。一家企业如果长期进行无效动作或者低效动作，会造成巨大的人力、物力和财力投入与消耗，最后收不回来，这样企业必然会亏损。

企业做了这么多策划、这么多计划，也做了这么多事，为什么都变成无效动作了呢？有一点大家可能没有注意到，就是落入了自我意识，这也是做企业中经常犯的错误。什么叫自我意识？用九个字来说，就是“我认为”“我感觉”“不清楚”。当有人问你：企业这么做有意义吗？这么做会有外部贡献吗？这么做会为社会创造价值吗？你的回答是：我认为可能会有；我感觉应该有；不清楚，我没思考过。这就是落入自我意识了。就像前面提到的给孩子留作业一样，若自我意识留作业，而且留了好多作业，那这些作业能指向孩子成才吗？我认为，我感觉，不清楚。不清楚你留这些作业干什么呢？这其实都是低效动作、无效动作。如果今天我们把教育中的那些低效动作、无效动作都去除，回归到高效动作，怎么会不出人才？

做企业，道理也是一样的。“我认为只要我这么一做，钱就会来；我感觉上这个项目，肯定能盈利”，这就是没有站在“用”端思考，为什么没有站在“用”端呢？因为“相”端只是在自我世界里；“用”端是在顾客端、社会端，它已经走出了自我端。而如果我们只是停留在自我端看企业的话，是永远看不透企业所采取的行动的，企业也就很容易陷入危机。

所以，我们经常说做企业就是一种修炼，时刻提醒我们要突破自我，要保证企业的所有动作都是有效的、高效的。

那如何保证企业所有行为都是有效、高效动作呢？我们前面讲了“相”，“相”就是事项，包括产品、业务、团队、软件、硬件、资金……每天都看到的这些事儿，事儿都做完了，出现了“用”，这时候就发现了“有用”和“没用”。学生毕业后有的成人才了，有的没成人才，成人才了，这所学校“有用”，没成人才，这所学校就“没用”。这样的话就来不及了，能不能提前预防一下，保证我们在原始设计时就是“有用”的？需要在“相”前增加一个字——“体”，它是专门为“相”作标准的。我们在“相”中极易落入自我意识，不知道自己做得到底对不对，等到了“用”的时候就已经来不及了。所以，我们要做事前工作，要保证每一个动作都是高效的，这样企业才会良性发展。

我们整体来看看“体、相、用”是什么意思？“体”，企业的缘起，为什么而存在，企业本应是做什么的；“相”，企业的组成、展现、运作、实践；“用”，企业对社会的价值体现、作用、意义。体是客观的，相是可控的，用是社会反馈回来的。为了保证“相”的正确运作和高效运作，所以在“相”之前加了“体”，也就是使命。这样我们看待企业，就从过去单独的“相”中看，转成从两端去看。这样就能更加立体、完整地来观察解读出一家企业。也就清晰地回答了那个问题：企业到底是怎么一回事儿？

第四节

探究企业运行之道

人在相中迷，明体方达用。何谓企业道？体相用圆融。『体』明，『相』明，『用』也明，三者有序连贯，全部做到位，这就是企业道。

到这里我们看，当“体、相、用”三者全部回归以后，我们前面提出的八个问题就有答案了。

答案是什么呢？我们详细看一下。企业因何而生，因何而兴？先看因何而生，因使命、因缘起、因需求而生。所以，先有缘起，后有企业；先有需求，后有企业，这样企业才能生存下去。国内开设的很多项目，看着投资了几十个亿，其实一开始做的时候根本看不到需求端，都在自说自话，这些项目只是因个人野心而生、因个人妄想而生，最后只能全部亏掉。所以，只有“体”在前，“相”在后，只有先把“体”这个使命悟透了才敢说“相”上的事，否则“体”不明，“相”必乱。

那么企业因何而兴呢？很简单，就是因大“用”而兴。怎么让企业走向兴盛呢？把右端“用”给拉大，仔细琢磨怎么让企业为社会做出更大的贡献。企业的贡献端越大，它就越兴盛，就是这么一个思维。而不在于赚多少钱，钱赚对了还可以，若赚错了早晚得还回去，这就叫“货悖而入者，亦悖而出”。“悖”是指

"背道，不符合于道"。如果财产资本是不符合道而进来的，那还会以同样的方式流出去。所以，看企业不是看多赚多少钱，而是看它的价值贡献。就像我们前面提到的做学校一样，作为校长的我要思考什么？是把现在这 400 名学生培养成 400 名合格人才、400 名优秀人才，还是 400 名杰出人才？我要向哪里努力？杰出！这样我对社会的贡献就大。若这 400 名学生里有将军、有科学家、农学家、政治家、思想家、艺术家、教育家，这贡献多大呀！学校可能虽然不大，建筑也不多，只要"用"大，必然兴。所以，一家企业、一所学校不必追求规模大，该追求什么呢？贡献大。为了贡献大，扩大规模是可以的。

总之，因何而生？在"体"上思考。因何而兴？在"用"上思考，把握住这些就好了。那"用"是怎么做出来的？以"体"育"相"，"体""相"联合而出现的。

企业因何而乱，因何而治？"体"不明，"相"必乱。若"相"都是无效动作、无序动作、低效动作，能不乱吗？"相"为什么乱了？“体”不明，使命不清楚。使命不清楚，“相”的决策进入随机，进入自我意识，肯定就会乱了。也就是说，如果“体”不在位上，“体”不清晰，甚至根本就没有“体”，“相”上的状态就会很可怕。因何而治？从哪里开始治起？三个字——从使命，让它先归位，把使命找回来。怎么找？先读书、悟道、悟使命，从而把使命找回来，然后在“相”上整理。就是对软件、硬件、团队、业务产品、资金流等进行整理：无效的停止，低效的增效，高效的倡导，错误的剔除，正确的保留。按照使命这一标准，通过有效决策与整理，让企业所有动作都成为高效动作、合理动作。

就拿我们做学校来说，它的第一使命是什么？是培育人才。什么动作能培育人才，我就做什么动作；不能培育人才的动作，我暂缓、我放弃。有人会问：“李老师，为什么不着急给学生提分？”我说：“提分能提出人才来吗？”如果能，我就提。如果不能，我宁可等着，不随波逐流。保持我自己的东西，用自己的追求、自己的风格，按照“培育人才”这个使命来确定我的所有动作。我怎么做才能多出人才，快出人才？你的企业怎么做外部成果最大？我们应该从这个点去观察。经常会看到有的企业会在研发资金上投入上百亿元甚至更多，为什么？都是为了把“用”做大。到现在我们就明白怎么去治理企业了：让“体”回归，把“相”调整回来，“用”自然就恢复了。当这家企业恢复它的作用时，它就活了，这就是乱治之道。

企业因何而危，因何而安？企业不知“体”，不观“用”，只在“相”上任性，它能不危险吗？背道而行，夜半临深池，这是最危险的。所以，在我个人看来，企业最大的风险就是没有道思维。这样的企业即使暂时盈利发展了，未来还会有危机。那企业因何而安呢？“体、相、用”都调理得非常好，各安其位。企业使命很清晰；“相”上动作很合理，内部程序很顺畅；对社会贡献源源不断，口碑好、评价好、外部贡献大，这就是安全的企业。

企业因何而衰，因何而亡？“衰”就是企业的“用”越来越小，小到最后没有“用”了，不再创造社会价值了，那就只能亡了。这类企业业务量可能很大，看着一切很正常，但始终看不到它的社会价值。企业只是强调赚了多少钱，对社会的贡献避而不谈，这种思维是不懂“道”的思维，到最后企业自己输在哪儿都不明白。殊不知，就在“用”上产生了衰和亡，导致企业发展不动了。那“用”为什么会出现下滑现象呢？因为“体相”跟不上了，“体”不明或是错位，“相”落后守旧或是低效运行。这时要想把“用”调大，必须调哪里？要调“体”、调“相”，把这个“用”拉起来，这样企业就兴盛了。

所以，在社会价值和企业盈利上哪个要先行？社会价值。随后才会产生什么？产生利润。这就是客观规律。现在我们看，明白的企业都在积极地为社会做贡献，不明白的企业都在不安分地占便宜，这样走着走着就知道谁输谁赢了。高尚是一种理性，自私近乎愚昧。在今天这样的市场环境下，每年都会发生很多诸如“三鹿奶粉”“长生生物”这类事件，为什么会这样？这里有很多值得我们深思的东西。所以针对这八个问题，我们从“体、相、用”上就分析出了背后的真正原因及答案。

这时我们就知道了，所谓困境，就是四个字：危、乱、衰、亡。今天企业的困境绝不是那么简单的，它跟过去很多事情有关，即使这次疫情涉险过关，如果那些根本问题没有解决，那么将来你的企业可能还会遇到新的困难。想想2020年以前，中国不也是有很多企业不知不觉就走向倒闭了吗？原因就在于此。

中国企业到了现在这个时代，我个人感觉是时候该把“企业到底是怎么一回事儿”从缘起处说明白了。所以尽管自己很忙，我依然希望能和大家分享这个话题。不管我们第一次接触以后感觉是很陌生、很遥远，还是感觉我讲的话不够清晰、不在理都不要紧，先建立这样一种思维模式，知道有“道思维”的存在，企业中不只是盈利或赚钱这两个字，慢慢地，随着不断地学习与研究，你的正确思维方式也会逐步建立起来。

我用四句诗来总结：人在相中迷，明体方达用。何谓企业道？“体、相、用”圆融。做企业的人，很容易迷失在“相”上，为事所困，为利所诱，为社会所裹挟，若想达“用”，得先从明“体”开始，而明“体”就是明使命。那到底什么是企业道呢？就是“体、相、用”圆融。“体”明，“相”明，“用”也明，三者有序连贯，全部做到位，这就是企业道。

在这次分享中，我为什么没有给大家提供太多方法呢？第一，方法在序言提到的七本书中已经有很多了，大家可以去借鉴使用，在此不再赘述。第二，方法不一定适合所有企业。第三，方法只能管一时，不能管永久。第四，如果道理不明，方法可能无用。今天给你一个治企方法，你回去用了，但可能还是不行。不是方法不行，是道理没有弄明白，道理弄明白以后，方法可以再共同商量寻找，甚至有可能你自己就能想出很多方法来。所以我们先把“道”层面的内容弄清楚、弄明白，到最后就可以做到以道驭术，事业有成了。

最后给大家一个叮嘱：逆境当中应多读书，蓄积力量，为企业的持续发展做好准备。这些年，我陪伴很多企业走过了发展历程，也非常看好中国企业，因为中国企业的未来发展机会已经到来了。

第二章

使命不明是企业最大的危机

第一节

何为企业的良性发展状态

从体、相、用三个维度来分析企业，其中『体』就是使命；从『相』中走出来，回归『体』，然后去评估、反馈、考核、观察『相』；『用』就是一家企业对社会产生的价值和作用；三者联合起来，就能透视出一家企业。

2022年是很特殊的一年，俄乌冲突，战火不断，整个世界的局势在不断发生变化；国内疫情再度来袭，已是第三年，到了一个决战期。对于中国企业来说，在整个大变局当中，困难和机遇同时出现了。

困难很多，有当下的，有国内的，也有国际的。

机遇是什么？中国在发展，中国在崛起，中国在走向世界。

中国走向世界，首先是中国企业走向世界，这就要求我们要以更加专业化的眼光来规划我们的未来。不能只看眼前的困难，还要思考未来，去捕捉机遇。

要想紧跟时代，做到适时洞察商业环境，我们首先得将企业自身武装好。接下来我将围绕《使命与发心》使命篇第四节到第七节，即利润从何而来、组织的使命——共同幸福、使命到底是什么和使命三要素这四部分内容进行讲解，讲一些书外的、不同角度的内容，这样两方面结合起来，对大家是更有帮助的。

我们在前面谈到人在相中迷，明体方达用。何谓企业道？“体、相、用”圆融。“相”是我们日常说的企业现象，包括人、财、物、产品、资金流、信息流，等等，我们经常会困在其中。就像吴冬梅董事长分享所说的，能在企业现象中不迷失，是一件很不容易的事情。那怎么办呢？我们提出方法，叫“明体达用”。从“体、相、用”三个维度来分析企业，其中“体”就是使命；从“相”中走出来，回归“体”，然后去评估、反馈、考核、观察“相”；“用”就是一家企业对社会产生的价值和作用；三者联合起来，就能透视出一家企业。

我们看企业，以“相”观“相”，观不出来。因为“不识庐山真面目，只缘身在此山中”。怎么观这个“相”？以“体”观“相”，以“用”观“相”，我们着力、发力还是在“相”上。怎么判断我们所发的力，我们所做的经营管理，是合理的、高效率的？在决策前，用“体”观；在执行后，用“用”观。如果能够明体达用，证明这个决策是准的，就能避免经验主义、个人想法。

经营管理企业不是看我们做了什么，而是看我们为社会能创造什么价值；不是依据个人想法，而是依据企业使命，就是这个“体”。

从董事长到一线员工，所有人的行动都依“体”而动，这家企业就能够做到收放自如。员工在一线，在“相”上，依据使命而行动；决策层在高层，在使命上牢牢握住。守住不易，展开变易，既能发挥员工的创造性，又能保证企业的正确方向，这是一家企业合理的状态，也叫企业的良性发展状态。我们观察一家企业是不是良性的发展状态，把这三个点联合起来，就能看出来：“体”的明朗清晰，“相”的合理高效，“用”的社会价值。而不是过去说的赚钱、再赚钱、赚很多钱，赚钱是在之后产生的。如果以单纯利润来评价的话，那么企业很难看到自身的风险。

过去有的企业认为，我的风险是赚不到钱，我的胜利就是赚到钱了。这么看问题，永远是短视的，说明我们没有建立起一个依道而观察企业的正确角度，这样企业肯定走不远、走不长、做不大，不能进入正规化运作。

第二节

对于一家企业，使命到底是什么

使命到底是什么？简单来说，就是回答，一家企业因何而生，它存在的目的和意义是什么。

德鲁克先生谈使命，稻盛和夫先生谈使命，中国目前已经觉醒的企业几乎都在谈使命。如果我们见面不谈使命，就感觉这家企业不够专业。招标要看看投标企业有没有使命，看看企业使命是什么。没有使命，跟他合作有点危险，因为这样的企业做事很容易出现不靠谱现象。

最近这五年，因为使命理论的诞生与发展，很多高端企业已经彼此心照不宣了。我们做过一个调查，发现在国内，所有经营十年以上的、良性发展的企业，都有清晰的使命，家家如此。为什么？大道相通，大家都明白，都知道它的重要性。包括我们这样的学校组织，都在探索使命，都在运用使命来重构教育。

使命这么重要，到底是什么？《使命与发心》中讲得很细，大家可以再拿来读读，后面我也会从不同角度来给大家讲述。经常听到很多朋友说："老师，你说使命很重要，我也知道，可是我只想解决企业的现实问题，你快给我讲讲怎么解决现实问题吧。疫情来了，把我困住了，我解决不了，走不动了，你说的那么多大道理都对，我们将来学，行不行？先让企业活下去。”

好！我给大家解释一下，为什么我还要这么坚定地讲使命？第一，你的企业为什么会出现今天这样的困难，你想过吗？造成这些困难只是表面的原因吗？仅仅如此吗？第二，如果不从根本上解决这个问题，即使你借到钱、贷到款，暂时度过了这次危机，你也还会有更大的危机在后面等着。为什么？“体”不明，“道”不清晰。就好比一个不会开车的人，也能把车开走，但是他无法把车开向远方。你要知道原因是什么，使命不明，这是企业最大的危机，也是造成我们企业今天种种困难的根本原因。

使命找到以后，能解决这些问题吗？能！第一，使命很清晰的企业，都在良性地发展。第二，使命很清晰的企业，抗风险能力都很强。第三，使命很清晰的企业，平时利润储蓄都很好，遇到风险时，平时所积累的资金库能帮它度过危机。这就是我们看到的问题背后的真相。

如果我们不趁着这次困难彻底解决这个问题，那么未来的路会更难走。即使别人想帮你，想给你投资，可是也不敢啊，没有哪个投资商敢把钱借给、贷给、投给一家不专业的企业。如果使命不明，“体”不明，“相”必乱，这是书中的原话。你想了很多办法，左想右想，上这个项目，上那个项目，钱花出去了，找这个关系，找那个关系，不行了，银行贷款要么贷不下来，要么贷下来以后，负债累累，这都属于多谋而无用。

企业很大，就是做不出效益来。为什么？“相”已经乱了，“相”不产生利润了。就像一堆砖头，能盖出一栋别墅，卖个好价钱，也能做出一栋烂尾楼，卖不出去，就是这个道理。“体”不明，“相”必乱，而“相”又很容易落入个人想法，在错误的前提下，去推动想法，最后导致整个想法都是错的，但是个人却往往意识不到。“一”错了，后面都是错的。道生一，一生二，二生三，三生万物。这个“道”不在，一、二、三都矫正不回来。这是妄想之上加妄想，自己看不到而已。那个道就是“体”，就是使命。

中国有使命的企业数量虽然没有做过详细统计，但我估计，目前在中国的现有企业当中，有使命的企业数量占比不会超过三分之一。我们都知道，近四十年来，中国企业平均寿命没有超过五年的。这两件事彼此是有关联，还是无关联的？改革开放至今四十三年里企业平均寿命不超过五年，为什么？世界五百强的企业，一般寿命只有四十到一百年，在国外，百年企业比比皆是。

中国当然有近代史的原因，抛开近代史，从改革开放算起，我们有四十三年的时间，为什么始终不能突破这个数据？这前后是有关联的。因为使命本身不清晰，造成了中国企业活不长、长不大、走不远，抗风险能力很弱，这是很现实的。说得直白一点，就是我们没有进入专业化。

春节之前，我与各地方企业做了一些交流，他们在现场提出了很多问题，我也及时做了一些回答。当时有一种感觉，很多问题背后的原因都是非专业化。用专业化看整个思路，都是不对的，包括目前很多大企业、大品牌，在使命上也不清晰，也是非专业化。所以我曾想，中国企业如果不能进入专业化，这么走下去，风险会很大，包括二代接班问题，都是如此。老一代靠拼搏、靠机会、靠个人能力，创业了、成功了，二代怎么接班？市场变了，时代变了，有什么可以传给儿孙的？传经验，经验用不上了；抓市场，市场已经变了；唯一能传的就是道，企业经营之道。而我们很多企业还没有，这给企业未来发展带来很大的危机。看到这个实际问题，传家业传不动了，必须传道。中国企业必须进入专业化层面才行。

回头看，使命到底是什么？简单来说，就回答一个问题，一家企业因何而生，它存在的目的和意义是什么，从这个问题说起。

各位朋友，您是否思考过这样的问题：我的企业存在的目的和意义是什么？它为什么要存在？有的朋友可能会说，我不知道，我希望它存在，我希望它发展壮大。这是个人想法，个人想法如果不与道相合，就不成立。所以，企业创始人在创办企业第一天的时候，必须思考这个问题：企业因何而存在？因何而生？这个问题是普通员工触及不到的问题，是当家人必须要想的问题，或者说这个问题如果想不清楚，这家企业往前发展就会一直处在危机中。

可以思考一下，一个不知道自身存在目的和意义的组织、企业，怎么发展？它往哪里发展？这个问题不太容易思考，不要紧，慢慢悟，可能三个月，也可能五个月，哪一天你突然想明白了，就好办了，就豁然开朗了。

当时我们创办学校的时候，我想了很长时间。这所学校为何而存在？这么多人来帮我们，朋友捐款、家长支持、社会帮助，帮忙建一所学校，把学校建起来了，要干什么呢？它为什么要存在？它存在的价值在哪里？当时我们定了两个使命，一个是传承中华文化，另一个是培养经世大才。我们当时要做的两件事，一是要把文化传承下来，二是把杰出人才培养出来。因为学校本身规模很小，只有几百名学生，比不了大学校，比不了清华、北大，也比不了那些重点中学。怎么做出独特的贡献？怎么能保持自己存在的独特意义？怎么借助自身的长项、优势去做该做的事情？这是当时我们创办这所学校时我反复思考的。最后确定了这十二个字：传承中华文化，培养经世大才。

为什么这么想？这个涉及企业的存亡。如果这所学校能够顺利地传承中华文化，能够顺利地完成培养经世大才的使命任务，那么这所学校有价值、有意义，它应该存在；否则，它应该关掉。所以，我们做企业一定要很理性，要依道而行，就是依理性而行，它不是个人的意愿，我想壮大，我想存在，它就一定壮大、一定存在，不一定。所以，我跟老师们谈过这个话题，我说："尽管我们非常爱这所学校，如果这所学校不能为国家培养出人才，我都建议把它关掉。它的出现是在浪费社会资源，浪费家长的情感，浪费孩子的青春，我不想做这样的事情。那么如果这所学校确实具备为国家培养杰出人才的能力、系统、方案、成果，那么它应该存在，并应该发展壮大，应该扩校区，应该从 400 个孩子变成 4000、40000，因为中国需要更多的人才。”

当时我看这所学校，是这么看的，没有看现象。我知道，所有事情的发生都不是偶然的。知道一家企业因何而存、因何而亡的问题，心里也很清楚：能够完成这个使命，应该存在，不能完成这个使命，它不应该存在，不随个人意志而转移。所以，企业当家人首先要思考这个问题：企业存在的目的、意义是什么？这就是使命要回答的根本问题。从这个问题延伸，我们来看，德鲁克先生说：“我们的企业是什么以及它应该是什么？”其实问的就是前面提到的，一家企业因何而存、因何而亡。企业应该做什么？什么是它应该承担的社会责任？

有人说：“老师，我不想承担责任，我只想赚钱。”对不起，这在逻辑上不通。我们过去做企业的常规思维是什么？谋的是“相”，想的是钱，这是很多做企业的一个惯性思维。谋的是“相”，“相”就是产品、人员、销售。要招两名员工，就去市场招聘去了，把产品市场这条线做出来，然后卖一卖，赚钱了，基本在这里谋圈子，想的都是做业绩、挣利润、占市场份额，这样的常规思维，就叫谋的是“相”，想的是钱，也叫谋的是事儿，想的是利润。

这个情有可原，不能说错，但在逻辑上，不够严谨。合理的逻辑是：使命思维告诉我们本企业怎样为社会创造价值？要从这个逻辑开始突破。大家注意看，这两种不同思维，使命思维告诉我们本企业怎样为社会创造价值；而我们过去思考的是本企业怎么赚钱的问题。这两个思维，用好了是一体的，用不好是对立的。什么叫用好、用不好？就是有没有运用使命思维 。

“老师，我们是一家民营企业，也不大，您上来就给我们讲理论，讲得那么高深，企业怎样为社会创造价值，这个超出了我们思维的空间。您这么讲下去，我们跟不上。我们是小企业，不能像您想得那么远，您讲得不够现实、不接地气。”

朋友们，不是我不接地气，是我怕你的企业出问题。要看背后的逻辑思维，企业能不能活下来？能不能赚到钱？取决于它能不能为社会创造价值。看到这层逻辑关系，就知道我为什么反复倡导、激励、鼓励你走为社会创造价值的道路。说实话，我自己办学校，也是靠这个活下来，我也怕我的学校关掉。谁不怕？这把年纪了，做事情中途而废，浪费自己的人生；想东山再起，不太容易，我也很怕。

凡是做事业的人，都不希望失败。虽然说“失败是成功之母”，可现实不一定。在失败中反思、寻道、悟道，才可能是成功之母，否则，失败就可能导致下一次失败。我们看这个逻辑关系，企业能不能活下来，能不能赚到钱，不是取决于个人心愿、个人想法、个人追求，而取决于它能不能为社会创造相应的价值。这样说相对宏观一些，那么就落地一点，看看落地一点的是怎么回事儿。

你想活下来，就得研究怎么为社会创造价值。你不能为社会创造价值，对不起，你不应该活下来。大家觉得，李老师给你们讲的是高尚，还是理性？理性。你想活下来，就得研究怎么为社会创造价值。我们自己做学校，我们不敢谈高尚，我们要理性地活下去。可能一高尚，一不小心，学校就没了，存活不下去了。我必须理性，我的理性就是完成两大任务：努力地传承文化，努力地培养大才，把这个完成、做出来。如果做不出来，我必然关门，就这么简单。

每个人都有很好的心愿，都想做一家好企业，可都做成了吗？每个董事长都不希望企业倒闭，可看看这些年的历史，中国企业平均寿命不超过五年。倒闭不倒闭，跟我们个人的意愿有关吗？是我们想不倒闭就不倒闭了吗？不是。所以，企业想活下来，就得研究怎么为社会创造价值，找到存在的价值、目的和意义，一切就好办了，就是这么一个逻辑关系。

第三节

使命，创造社会价值

企业创造社会价值，有三点必须要思考与落实：

第一，顾客端的需求是什么？要做顾客端定位：谁是我的顾客？他想要什么东西？是否看到了刚需存在？

第二，怎样研发、制造出对应的好产品？产品能不能跟上去？跟得好不好？人家要，我来造，能不能造出来？

第三，怎么实现销售最大化？不仅做销售，更要做最大化，让更多顾客买到好产品。

关于“企业为社会创造价值”这部分内容，我们发现有三点是必须去思考与落实的。想创造价值，不是一件容易的事情，它是一项系统工程，至少有三件事，你必须要想对并做对。

第一，顾客端的需求是什么？要做顾客端定位：谁是我的顾客？他想要什么东西？是否看到了刚需存在？

第二，怎样研发、制造出对应的好产品？产品能不能跟上去？跟得好不好？人家要，我来造，能不能造出来？

第三，怎么实现销售最大化？不仅做销售，更要做最大化，让更多顾客买到好产品。

这三件事都要去考虑、落实与理解，这样企业才能创造社会价值。

接下来，我们详细看看它的前后逻辑关系，具体顺序不能颠倒。

第一，关注顾客端。

做企业，我们首先关注的是自己，还是顾客端？答案一定是顾客端。你说自己有什么用？我有一个想法，我有一个梦，那是你的梦，跟别人没关系。你的梦可能对，也可能不对。所以，一定要关注顾客端。“老师，您怎么定下要培养经世大才的？”顾客端。顾客端具体是指什么？国和家。国需要杰出人才，家、父母希望孩子成才，两端都有这样的刚需。那么如果我做成这件事，利国又利家，我就有存在的意义了。所以我确定的使命，它不是来自我的个人想法，我要做什么，也不是我来决定的，而是由顾客端来决定的。

国家要什么？家长要什么？有人说，家长要分数，那只是暂时的。国家、家庭，谁为大？国为大。国要分数，还是人才？人才，首先要杰出人才。而家长暂时要分数，长远看还是要人才。从顾客端我们就知道要做什么，不是关注自己要做什么，像“我要生存，我要发展，我要振兴，我要长远”，这些话都是个人想法，是没用的。所以，思维一定要转回来，首先要关注顾客端。哪怕企业遇到了困难，能看到顾客端，就能把企业救活。

为什么要关注顾客端？这里有几个原因。

第一个，企业因需求而存在。没有需求，还做什么？你做的东西对社会有用吗？大众有这个需求吗？学校以满足国家需求而存在，以满足社会需求而存在，以满足家长需求而存在。为什么有的学校，一门心思地抓成绩，孩子受伤了，人家也存在着？首先，因为家长找不到更好的供应商。其次，家长跟随意识的表面需求，不是真实需求。大家知道企业因需求而存在，这是一个基本的思维方式。所以，你必须关注顾客端。

第二个，自己是可变、可调的，而顾客端是刚性的。你的产品研发可以变化、可以提升、可以调整，而顾客端是刚性的、是客观存在的，你无法改变顾客需求。最多能够唤醒顾客的需求，或者满足他的需求，或者引领他的需求。我们要去调整自己，因为一切与顾客需求不合拍的想法，都叫我的想法，都叫我认为。

第三个，顾客端一旦出问题，企业将无路可走。企业为什么会遇到困难？哪里出问题了？是顾客端。顾客不买你的货了，产品积压了，资金流断了，银行不给你拨款了，你陷入了困境。所以，顾客端一旦出问题，企业将无路可走。这是造成企业困难的一个最基本、最常见的问题。

第四个，不能看清顾客端（需求）的项目千万别上。我看过很多大项目，投资数十亿元甚至更多，但都处于停工状态。项目书写得很好，可全是非常不现实的想法，“我利用什么资源，买多少地，产生了什么项目。找一片大荒野，建个大温泉中心，每天来客人两千个。建个跑马场，每天吸引三百人过来跑马……”这样的项目一定要慎重。投资失败的原因是什么？思维方式出了问题，老是认为自己无所不能，觉得只要有钱就行。殊不知，看不清顾客端，有再多的钱都不够挥霍的，即使投上一百亿元最终还是烂尾。

刚需就是刚需，谁能满足顾客端，谁就是赢家。

第二，一定要关注产品。

做企业，关注产品就是关注自己的“命”。这个时代为什么允许你存在？因为产品过硬。为什么要对产品这么关注，我们再来详细看看。

首先，企业存在的价值就是为社会提供好产品，这是企业应尽的责任，是企业的天职，所以企业靠产品而存在。如果没有产品甚至是没有过硬的产品，企业是很难发展的。

其次，顾客购买你的产品，是因为你专业，让他满意，所以在专业化上永远不能停步。

这两年忙于办校，所以我为企业服务的次数不像以前那么多了，但做企业的思维一直在帮助着我，这也是我和一般校长不一样的地方。我是一个企业人来做学校，在管理学校时经常使用企业思维，比如极度关注产品问题，我对产品达到了一种痴迷的状态。很多老师都熟悉我的生活习惯，早上五点半醒来，第一件事就是打开手机，在学校群里发我昨天和今早刚想到的对教育的最新理解，一发就是很多条，他们帮我记录下来，整理出书。每年我给老师写的书在两三本以上，我们在这上面花了很大精力，也是我这一年对整个教育的探索。

讲一个故事，一天上午我和老师们在一起教研《学记》这本书，《学记》本身历史价值很大，是专门讲如何做教育的。我先花了一些时间，给老师们讲了关于学习的辅导问题。然后我又从朱永新老师一段话开始讲，朱老师说："对于中国教育而言，最需要的是行动和建设，只有行动和建设，才是真正深刻而富有颠覆性的批判与重构。"如何做体系重构，就是整个育人体系怎么构建起来。它由四部分构成：人才目标、教育方法、教育内容和本源。专业术语叫什么呢？叫因、缘、因缘和果四部分。

围绕这四部分重构，我给老师们做了一个细分，人才目标，本源，怎么设计教育，缘的选择，方法的选择，做了一个详细讲解。它最终讲的是什么？人才到底是怎么培养的？体系是怎么构建的？最后，我问了老师们一个问题：教育中为什么容易出现这么多错误？为什么人才出不来？有四种大错误：第一种是目标设定错误；第二种是本源判断错误；第三种是内容选择错误；第四种是方法设定错误。四种错误合起来，目标肯定出不来。这是我们花了六年时间对教育的探索，到今年，我们相对比较有把握地说，我们能把教育的整体大纲看明白了，能把教育说明白了。

我们在这个领域已经耕耘了十年之久，一直在做专业化。我拿自身做教育的案例来分享，就是想告诉大家：做任何一个行业对产品的关注程度都是极为重要的。

我自己对教育比较有信心，前不久，有些家长来找我说："李老师，关于孩子学习等方面，您怎么看？"我说："我别的不敢跟你说，有一件事我很有把握，就是成才。”如果孩子很正常，父母很配合的话，在我身边待十二年左右，成才基本没有什么大问题。是否能成为杰出人才，不敢保证，但希望很大。为什么不敢保证，因为跟孩子先天有关，就后天条件而言，这孩子只要是一个正常的孩子，成才是不应该有问题，身体健康不应该有问题，心灵健康也不应该有问题。这个我可以给你们做个承诺。我研究教育这么多年，就是让家长有信心才行。既然我们是做教育，做这个行业产品的，选择做的时候，我的产品就是我的育人体系，我的顾客满意就是孩子们的成长与幸福问题，在这个问题上没商量，是必须要去解决的。为什么用“必须”这个词？那就是使命。

所以，顾客愿意买你的产品，是因为你很专业，一定要提升专业化。

再次，利润是通过销售产品产生的，就是“专业性＋汗水”。

利润的产生，表面上是通过销售产品产生的。而销售产品可以产生利润，是因为产品带着你的专业性，带着你的汗水。可能这个杯子成本十元钱，你卖给顾客十八元钱，你为什么可以赚八元钱利润？有你的专业在里面，有你的汗水在里面，这就是利润的真正来源。所以越专业，利润越大；越不专业，利润越薄；没专业，没利润。

最后，保证你的产品足够过硬。

产品不行，谁也救不了你。拿不出硬东西来，就聚不了人。我们平时被很多杂事给锁定了，今天跑市场，明天吃顿饭，后天见个朋友，开个早会，但是作为当家人，心里一定要有数：向外看一眼，看什么？市场刚需还在不在，是不是刚性的；向内看一眼，看什么？产品行不行，没有好产品就容易出问题。所以，我们要痴迷于产品，像稻盛和夫先生一样，他为了研发产品，可以几个月不回家，几天不睡觉，我们要有这种钻研的精神。

2021 年因为新冠疫情封校四周，学生不回家，老师集体搞教研，四周把项目制引进来落地了。项目制，目前是整个西方教育当中最前沿的教育模式，把它用起来。这次又因为新冠疫情，我们再次封校，继续搞研发。同时，我们也没有放下对国内好教育内容的学习，经常和老师们一起学习好文章。

第三，如果已经确认需求端是真实的，产品是过硬的，这时，企业必须在营销上下大力气。

产品这么好，需求那么大，必须得去销售。不能说不会，不会怎么办？许愿。不懂怎么办？问。不行怎么办？练。营销很多是经验、是方法，而且市场上几乎是通用的。卖家电的，基本是这一套卖家电的方法；卖小商品的，基本是一套卖小商品的方法，每一种产品的销售，基本上都有它固定的销售模式。要遵循这些，为什么呢？

首先，营销本身就是产品服务的一部分。这是你要做的一件事，没把营销做好，说明你没有把产品服务做好，没有完成你该做的事情。

其次，让顾客快速了解你，让顾客体验到你产品的好，让顾客购买、使用起来方便，这本身就是企业应尽的责任。

需求是刚性的，产品是好的，一定要让顾客快速了解你，知道你的存在。不仅知道你，顾客还有权利体验产品，因为顾客要对自己的选择负责任，所以应该让顾客体验到你产品的好。如果顾客想买、想用这个产品，企业必须保证顾客购买方便、使用方便，这些都是企业应该去考虑的。营销为什么没有做好？因为这些动作都没有做、没有付出、没有努力、没有按程序去做。

最后，营销的初心是利他，营销最大化就是利他最大化。

怎么利他？给顾客提供好产品、好服务，就是利他。就像我自己一样，因为我的学生再过两年就要毕业了，有家长找我来谈学校未来发展问题。首先我必须保证我的学生在未来出路方面非常好，这是我应该努力的。一旦两年以后我的学生前途非常好，具备人才特征，未来看起来也很光明，我肯定要面临下一件事情，就是扩校。尽管我知道扩校很累，很不容易，筹资金、置办场地很麻烦。但如果这套育人系统是很完整、很成功的，能保证每一个孩子都能正常走向社会，成为人才，那么这样的学校肯定是要更大、更多。

目前不能扩校，因为我把精力放在了研发上，必须绝对保证它的正确性、合理性，这是我做的第一步。虽然产品在内部反响很不错，但我还在竭力做研发，我们对产品要精益求精，不断挑剔它，保证各方面都能想到，不能等孩子们毕业后，说当时没想到、很后悔，那不仅对不起孩子，我们内心也会很难过，教育是有良知的。所以，营销的真正初心是利他。

我们学校后来也提出了自己的口号："让更多的孩子享受更好的教育。"针对此，我们第一步战略就是做出更好的教育。第二步战略要想办法去满足并服务于更多的孩子，遇到困难我们也要努力去克服，去想办法。因为营销最大化就是利他最大化，要尽可能想尽办法去帮助更多人，这是我们处理问题的一个思路。

所以，到了第三步，营销必须要做。中国企业如果在这三方面上做得很完整，那企业一定很优秀。

在中国做企业有使命与没使命的差别是什么？

有使命的企业，基于利他思维做事情首先想到的是顾客，顾客要什么；其次努力做好产品，让顾客满意，这也是企业一直致力于和追求的；最后，一定会考虑到营销的每一个细节，给顾客提供方便，也就是追求营销的整个流程设计要让顾客体验方便、了解方便、购买方便、使用方便。

没有使命的企业，首先想到的是自己，我想要什么，我想要赚钱、要利润、要赚大钱。然后不用心做产品，还算计顾客，对产品马马虎虎。还有营销方式简单，不为顾客着想。这样没有使命的企业是做不好的，每天忙于琐事，活在自己的世界里。

这就是有使命和没使命两种企业之间的差别。

使命是一种思维，它不是一种经验，不是一种方法，不是给你支一个招儿，也不是一个点子，它是一种思维方式。

这种思维方式告诉我们，只有做了我们该做的，才会获得我们该得的，如果该做的没有做，结果一定得不到。所以，不能投机，不能取巧，不能落入自我，不能散乱，不能迷失，要明明白白地做企业，挣明白钱，清晰地知道企业该怎么营运，该怎么发展。所以，《使命与发心》这本书写的是一种思维，当你看到这种思维方式的存在时，你就知道对应要在哪个点上加力，在哪个地方进行调整了。

使命思维能够帮助企业走出困境吗？完全能。

我们一起来看运用使命思维脱困四步法：

第一步，重新盘点企业资源，看看企业能为社会做什么。虽然企业困难了，但还是有很多现有资源的，看看能为社会做什么。你看到你的资源了吗？厂房、设备、队伍、技术，这都是你要考虑的。

第二步，根据企业现有资源，寻找具有可能性的顾客市场。一定要提前瞄准通过努力可能打开的市场。

第三步，根据顾客需求，利用现有资源，引进新技术，研发新产品。产品研发出来，需求端有了，供需端的基本架构就有了。

第四步，竭力做营销，赢得顾客信赖。告诉顾客，你的企业已经走出过去那个模式了，产品也是新研发的，专门针对顾客需求设计的，可以试一试。经过千言万语，经过不懈努力，顾客信赖了，成交了，这样企业就一步步走出困境了。

为什么说经过这四个步骤，企业就能活下来呢？它用了什么原理？

企业因需求而存在，只要需求在企业就会有出路。

比如，有一个项目，投了二十亿元，上了很多项目都赚不到钱，最后烂尾了，陷入了困境，怎么盘活它？从哪端开始盘活？需求端，只要找到需求，就会有出路。下面拿这个项目来做详细解释说明。

第一步，重新盘点企业资源，看看企业能为社会做什么。

盘点烂尾项目发现，该项目占地三百亩，厂房六万平方米，管理人员团队有一百多人，设备上了不少。总体来看，目前登记在账的东西还真不少，不是一无所有。你可能会认为，这些东西没有用，不能变现，每天还亏损，管理费用很大，人员还要开支，已经开不动了，所以只能烂尾了。别这么看，这仅仅是第一步。

第二步，根据企业现有资源，寻找具有可能性的顾客市场。

拥有这么大面积的土地，这么多厂房，在哪一类市场中可能会形成你的优势。比如，这块地可能适合建学校，可能适合建医院，可能适合建一个高端产品研发基地。这时，可能有另一家企业有技术，但是没场地，他需要解决买场地、办手续、盖厂房等一系列很麻烦的事，此时你有场地、有厂房，你能帮到他，这样大家就有合作的可能性了。用好你的资源，寻找具有可能的市场，找到需求。

第三步，根据顾客需求，利用现有资源，引进新技术，研发新产品。

像现在的烂尾项目，有三百亩地，就可以引进一家国际名校，或引进一家国际名医院。也可以引进一家国际高端技术中心，这样就把你的现有资源盘活用好了。所以，大家看“两找”，先找需求，再找好技术、好的合作方，把这两个找到。也许有人会说这不好找，正因为不好找，你才要去找，它是一种思路，它不是坐等来的。你通过这个方法把它们做活，那后面就好办了。

第四步，竭力做营销，赢得顾客信赖。产品到了，资源活了，推向市场，狠抓营销，赢得顾客信赖。技术方作为一个投资方，资本方作为一个投资方，你作为一个投资方，三方联合起来把事做成，这项目就盘活了，完全可以。

很多时候我们为什么没有思路呢？是因为没有思维，没有顾客思维，没有做事思维。

所以，有思维的人手中什么都没有，却能把事做成；没有这种思维的人，守着大把资源，那么多土地，那么多建设厂房都做不出来，这都是思维问题。这个思路厘清了就很简单了，能解决很多问题。

我记得很多年前我去上海出差，朋友们给我介绍一所学校，这所学校快要关门了，只剩十几名学生。那时候我还没有做教育，因为我是做企业顾问的，我对这件事情比较感兴趣，我专门留了一下午时间，去那所学校看了看。我一看，很可惜，学校占地很大，整个建筑面积有四五万平方米，老牌学校，不算太旧，经营了十来年，学生很少，学校已经走不动了，招不着学生了。这所学校曾经是一所当地地方名校，还有特长项。我在学校逛了半天，我就思考这所学校怎么办，想一想觉得还是能解决的，因为这所学校设施很好，地理位置也很好。

我当天晚上没有走，想和校方谈一谈，再给他们一些建议：利用好学校建筑和位置，抓紧在国内找好的教育资源，而且还是走向未来的资源，把这些对接起来就好了。当晚，我见到了这所学校的一个核心人，他请我吃了顿饭。吃了半小时以后，我就知道这件事谈不成了，为什么呢？他们无心恋战，已经不想突围了。

几次想跟他谈解决方案和思路，他都听不进、听不得，眼中全是困难、话中全是抱怨，已经被这个项目压垮了。一说就是负债多少，老师招不到；一说就是困难重重。后来一看，既然这样子，我就走了，没法再谈了。

我们很多项目为什么救不活？一是没有雄心壮志了，二是不肯虚心求教了，三是没有这种使命思维了。所以，这些年我愿意讲使命，不是说我对使命多着迷，我是希望通过讲这些理论，把那些本该做好的项目做好，把没有做好的项目救活。只要有思路，剩下就是付出不亚于任何人的努力，这样就能做成了，因为“思路+付出”不亚于任何人的“努力=成功”。

这个思路背后是什么？是思维，若没有思维方式，就没有思路。所以说，使命思维下的“解困四步法”是非常实用的。

第四节

使命，实现员工幸福

员工幸福五步法：

第一步，企业必须有清晰的经营思路——使命；

第二步，必须坚定地贯彻执行使命；

第三步，赢得顾客满意后，企业出现利润；

第四步，必须把这些利润及时合理地分配给创造利润的人——员工；

第五步，引领员工正确的人生方向。

以上若都能完整做完的话，那企业经营基本就趋向稳定了。

使命一共分两部分，前面说的是第一部分，创造社会价值；员工幸福是第二部分。员工幸福在使命当中是很重要的一部分，也是最不能缺失的。具体的语言模式有致力于员工物心幸福、致力员工幸福、让员工过上幸福生活，等等。

那么为什么强调这一部分？我们又不是慈善组织，老讲员工幸福干什么呢？做企业，必须致力于员工幸福，这是我的观点。为什么是必须？这是我多年的总结经验，不是严格要求大家，是提醒大家。

如果不致力于员工幸福，员工就没有干劲，员工没有干劲你就会去管他，可能会管住他的人，但不一定能管住他的心。能让他被动执行，但不能让他主动创造，创造力不是管出来的。员工没有干劲，就做不出好产品、做不出好服务、做不出好营销。这样一来，顾客就会不满意。顾客不满意，不言而喻，企业就会出现退货、不再成交、拒绝合作、拖欠款、打官司、投诉等问题。

为什么会出现这么多问题？我们来找一下原因。因为顾客不满意，他们要维护自己的权利。顾客为什么不满意？产品营销服务不好。产品营销服务为什么不好？员工不上心。员工为什么不上心？企业当家人不关注他们的幸福。遇到这种情况，你可能会说一定得好好管管员工。殊不知，管也没用，不信你可以试试。

优秀的员工绝不是靠管出来的。如果你还想走那条老路，企业就会很难发展。因为你不可能天天盯着员工、时时盯着员工。所以，我们只有致力于员工幸福，让员工真正感受到企业是为他们谋幸福的时候，他们才会有干劲，才会更加努力，才会拼搏奋斗起来。这是人性，本来就是如此。如果企业只是带着喊口号：要奉献，要奋斗，避而不谈员工幸福问题，长此以往，员工肯定是不会听，更不会干的。所以现在做企业，必须走理性路线，不能只打感情牌，因为员工需要靠工资去生活，否则就生活不下去了，这是很现实的问题。

我经常感慨说：“一句‘员工幸福’里，几乎包括了企业经营的所有秘密。”过去很多学管理的朋友，但在管理学书本当中，几乎没有学过关于员工幸福的管理科学。学人力资源的，不讨论员工幸福；学绩效考核的，不讨论员工幸福；学员工培训的，不讨论员工幸福；学流程设计的，不讨论员工幸福。学了管理科学的很多内容，但就是没有涉及“员工幸福”这一板块的，也就不可能拥有这一思维。回首我学管理的这二十多年，准确地说到现在已经二十六年了，我是一九九六年开始读研究生，学管理，从事管理岗位，积累了这么多年经验发现，“员工幸福”四个字当中，几乎包括了企业经营的所有秘密。若把这四个字悟透了、看清楚了，那整个企业基本就看明白了。

怎样算是好领导？能给员工带来幸福的人。员工为什么拥护你？因为他真的开始幸福了。员工为什么拥有干劲？因为幸福而奋斗。员工为什么那么安心？因为过得很幸福。员工为什么不流失？因为找不到比这里更幸福的地方了。这是每个人最基本的、刚需的东西，从这里就能看到管理的秘密。所以，带团队不是靠管，不是靠制度，不是靠监视，这些都不是专业思维。拥有专业思维的人都在想怎么让员工更幸福，这才是他最关心的事。

想让员工过上幸福生活，有几个关键步骤，需要大家好好思考并执行。

第一步，企业必须有清晰的经营思路——使命。

在这一步骤中需要明晰三个问题，前面也已提到过：一是顾客的需求是什么，即顾客端定位；二是怎么研发制造出对应的好产品；三是如何实现销售最大化。这个思路要很清晰，你要知道你的顾客是谁，怎么做产品，怎么做销售，必须要提前考虑，不能走一步看一步，这叫经营思路。把这个思路联合起来就叫使命，也叫“体、相、用”。

第二步，必须坚定地贯彻执行使命。

以下是管理的一幅图，介绍了落实使命的五个步骤：一是要做组织设计，包括岗位分工；二是做人员选配；三是进行人员的专业化培养；四是做激励；五是做考核和优化。这都是企业必做的工作，专业地去落实每一项并保证良好完成，这样才能有效贯彻落实企业的使命。但也会出现贯彻不下去的情况，为什么？组织设计不对；人选错了；人不专业；没有把人激励起来，没有能动性；没有末端考核，没有提升。

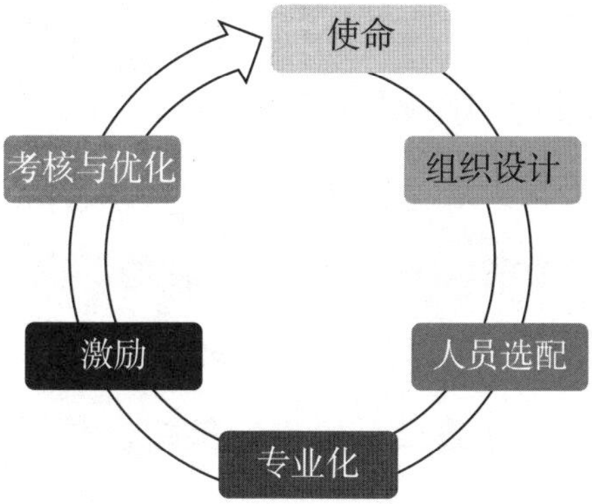

第三步，赢得顾客满意后，企业出现利润。

企业为什么出现利润？这里讲一个小故事，我们上次“精进180”课程是在韶山进行的，韶山是毛主席的故乡，我们讲了四个字叫：实事求是。我领着这些学员、老师、企业家们一起做一件事——画企业利润产生图，最后浓缩成五个步骤：一是定位顾客，明确需求；二是组合资源，人才加技术、设备；三是产品，研发、制造、定价；四是营销服务；五是顾客满意度。

企业其实没有多少秘密，只要我们实事求是地去分析它，按照客观规律去做事，时不时停下来去学习、去构建、去思考，依照“当如何做便如何做”的思想，努力奋斗，一切都可以很好地解决。

第四步，必须把这些利润及时合理地分配给创造利润的人——员工。

我多年以前在广东讲管理的时候，画过一张管理的图，管理是什么？管理就是一群团队、员工，企业当家人带领他们去服务顾客，顾客很满意，获得了报酬，当家人把报酬分给员工，员工很幸福，这就叫管理。管理做得好不好就看八个字：“顾客满意，员工幸福”；十二个字：“顾客满意了吗？员工幸福了吗？”如果做到“顾客满意了，员工幸福了”十个字，管理就做好了。八个字、十个字、十二个字，核心内容是一样的。

第五步，引领员工正确的人生方向。

生存如果只能解决最基本的生活保障，是不够的，幸福还缺两层，就是生活和生命。总体来说，幸福分为“三生”：生存、生活、生命。但首先必须保证生存，生存保证不了一切免谈。在保证生存之后，我们要重点谈生活。生活重点谈什么？谈员工的家庭关系问题，包括夫妻关系、子女教育问题，以及赡养老人问题。也就是上、中、下三种关系，上对老人，中对夫妻，下对子女，这三种关系处理好，他的生活基本就稳定了。

有些企业人会说："员工家里的事、孩子的事、老人的事跟我有什么关系?"员工家里的事处理不好，不幸福了，他没法好好工作，问题就出在这里。在这基础上，更高的是员工的人生追求问题。最高学什么?学文化，做一个君子，做一个圣贤，立一个志向。因为人都要有精神世界。人有了精神世界以后，就有了更高的追求。清明节，我们组织学生去看望了抗美援朝老战士，每次看到这场景，我都很感动。这些老兵在国家需要时，上战场打仗了；不需要时，就回家务农去了。若不主动去问、去交流，根本想不到这是一个老兵。一枚枚沉甸甸的功勋章，一段段感人肺腑的故事，都记载了老兵们无怨无求的付出。无怨无求是为什么?他们有生命世界的追求，有精神高度的追求，这些使他们的人生变得不一样。所以一定要培养员工的精神追求，不要做一个太庸俗的人。因为人庸俗了，既不幸福，还容易伤害别人。

以上员工幸福五步法若都能完整做完的话，那企业经营基本就趋向稳定了。但有的企业可能会问："我的企业处于困境中，给不了员工幸福怎么办?"这时的关键点在于：你想给吗?你有思路吗?如果你真的想给，你真的有思路，员工会相信你的。所以一定要确认好这两点：第一点，你是否真心想为他们的幸福而努力；第二点，你是否真的有可能实现他们的幸福，即在实现员工幸福的路上，你的思路是否很清晰?是否有一个好的全盘计划?把这两点想清楚了，跟员工谈，员工会相信你的。

海尔集团首席执行官张瑞敏曾说："每当我站在窗口，望着员工如潮水般地涌进工业园的时候，我就感到一份沉重的责任。虽然我叫不出他们每一个人的名字，但我觉得一万双眼睛在盯着我，希望我给他们创造更好的生存环境和奋斗空间。为了不辜负这份信任，我不敢有丝毫的懈怠。十七年来，我就是这样和他们一起穿过一片又一片沙漠，走进一个又一个绿洲，从没有停过脚步。连回头欣赏一下自己脚印的时间都没有。”这家企业曾经拥有800名员工，濒临破产，无路可走。他为什么能带领企业冲出来？他说“我觉得一万双眼睛在盯着我，希望我能给他们创造更好的生存环境和奋斗空间”，这已成为他的一种追求和想要奋斗的方向。所以，员工幸福不是一些简单的做法，而是一种追求，一种理性认知。做企业，一定要选择这条路并坚持走下去。

最后，从四个层面总结一下使命到底是什么。

第一个，理性层面。从理性来说，使命说的是“本企业是做什么的”。它的三要素是：致力于以什么样的技术服务、为谁、能够实现什么。

按照这三要素就比较好找使命了。使命的理性层面能够保证企业决策的正确性与准确性。准确性就是企业的顾客定位。正确性就是企业要致力于为他人实现什么，而不是为自己，思维一定要转到这个层面。

第二个，感性层面。从感性来说，使命说的是“本企业的大义名分”。什么叫大义名分？具体来说包含两方面内容：一是企业如何敬天爱人？二是如何承担起对应的社会责任？每家企业作为社会中的一分子，都有他的社会责任，具体怎么去承担？承担就业，承担税收，承担社会的工业、农业、创造、制造、研发等。

使命的感性层面能作为企业的一种动力，能激励员工，能创造企业的社会品牌，能提高企业的社会信誉度。

一家企业应该有这种追求，它会变成员工的一种动力，而真正那些高端的、有追求的人，愿意被吸引进入这种企业工作，伴你高飞，与你同行，翱翔蓝天。而这种企业往往能够吸引人才，吸引有精神追求的人。所以一家企业若想吸引那些真正高端人才，本身就要有“大义名分”的思想与追求。

第三个，中性层面。从中性来说，使命说的是“本企业存在的价值与意义”。具体来说包含两方面内容：一是如何为社会创造价值；二是如何保证员工幸福。企业怎么为社会创造价值？为哪些顾客创造什么价值，从而保证员工的幸福问题？这说的就是企业的存亡之道。如果一家企业能够创造出价值，那就应该存在；如果不能，那会难以存在或是只能暂时存在。所以，通过分析观察一家企业的存在价值和意义，就能知道这家企业未来的存亡之道。如果这家企业利润很高，产值很大，却没有创造出真正的价值和意义，它是危险的。思所以危则安，要赶快调整，保证企业存在的价值与意义。

第四个，使命是企业的天命。这个一般不太适用于小企业，是针对特殊企业的，这种企业的诞生是为了推动时代进步的。就像我们说某个人有天命，企业也有。什么叫天命？时代赋予他的责任。这种企业会带动一个行业的进步，带动一个时代的进步，它是因天命而产生的使命，带着一个大的使命、为完成一个重大的责任而出现的。所以这种企业诞生之后，随着不断发展壮大，也改变着整个时代的发展。这就是天命式的使命，它所思考的是人类的命运、文明的进程、国家的兴衰和百姓的安乐。纵观来说，这种情况有，但不多。未来如果你有这个雄心壮志，你可以开创这样的企业。

综合来看，使命的第一层面理性、第三层面中性内容，适合所有企业；第二层面的“大义名分”适合一部分企业；而最后一个层面内容适合很小一部分企业，所以《使命与发心》一书里未提及，但这种企业的诞生，可能会推动一个行业的出现，甚至能推动整个社会迈出重大的一步。我们也希望中国能多出现一些这样的企业，能改变更多的行业进程，改变文明进程，改变重大科技、重大文化、新技术、新能源的进程，从而让我们的国家越来越昌盛繁荣。

关于使命，大家可以再细读《使命与发心》这本书，以上是对书本内容之外的一些不同角度的讲解与补充，只要将这两部分内容有效结合起来学习与实践，你一定会有很大的收获！

第三章

企业经营靠什么

第一节

使命保证企业决策的正确性

没有使命的企业，就像无舵之舟，在海上漂着随风走，会被社会裹挟，企业发展不起来。船在海中航行靠舵手，舵手是董事长，舵是使命，它分管所有决策。

我们之前谈到了如何描述企业使命，有很多朋友问到这个专业话题。“老师，我们想给企业定一个使命，要做企业画册，怎么做比较好？”根据多年经验，建议用下面两段话来描述。第一段：“致力于以什么样的技术和服务？为谁？能够实现什么？”我们称为“三要素”。这种方法比较简单、精准、实用，是我们经过多年的总结、实践发现的，用这么一个句式就比较清晰。

第二段：“如何为员工创造幸福生活？”比如致力于员工的物心幸福、致力于员工的物质和精神的幸福、员工共同追求幸福的生活，等等。有很多的字眼儿，大家可以自己去选一些想用的话。

有人说，我想在这个基础上把使命描述得大义名分一些、宏观一些。可以，但前提是先把这些描述好，再做宏观。如果这些都没有描述好直接做宏观的话，它有不足，用起来不方便，只是听起来很振奋人心，但用起来确实不方便。

使命到底是什么？第二章第四节中我们谈到使命的“三性”——理性、感性和中性。理性问的是本企业是什么，是做什么的，也就是三要素。这个理性可以用来提高做决策的准确性与正确性，使命越理性越好。我一直追求企业的理性运行，因为企业很多错误都是非理性造成的。

感性说的什么？说的是企业的大义名分，崇高的社会责任，本企业要承担哪一部分社会责任。社会责任很大，是大家一起来承担，靠国家、靠政府、靠企业、靠学校、靠全民来承担。

中性部分就是前面说的关于企业缘起，企业为何而生？对外必须为社会创造价值，对内必须保证员工幸福，这是一个组织能够生存的基本条件，我们叫企业的缘起，也就是企业的存亡之道。那什么是缘起？就是这家企业如果不能为社会创造价值，就存在不了了，若不能保证员工幸福，组织就不成立了，就这么一个问题。这是两个最根本的话题。

除了“三性”之外，我们谈到有一种特殊的使命叫天性，就是时代赋予的使命。在特殊时代有些大企业，比如像陈家庚建立的厦门大学，它就有它的使命。还有中国的一些重工企业，都是有特殊使命的，它们担负着国家重要战略任务。这个是不同的，有天性的企业不仅是为了盈利存在，更多的是为时代、为国家担负重任。

使命到底是做什么用的？简单回答就两个字——决策。这就是使命的核心作用。企业可以透视出来，分为体、相、用，我们常看的是相的部分——人、产品、设备流程、资金流、信息流、软件等，在相中经营企业。相对社会发生作用，决策在体和相之间发生作用。相上有人、事、资金、业务、产品、设备以及企业各种行为，这些行为决策的正确依据就是体，就是使命的部分，体就是使命。依照体来指导相，这就是决策。

用使命来指导决策有什么好处？稻盛和夫先生曾提过一个问题。他说：

“观察许多人的人生，有人幸福，有人痛苦；企业经营亦是如此，有人做得风生水起，有人却怎么也不见起色。如此大的差别究竟从何而来？我从年轻时就开始思考这个问题。”

稻盛和夫先生的思考角度不是只看自己，还观察很多人的人生，企业经营亦是如此。所以他在做企业之前就想，为什么人生不同会产生这么大差别？为什么企业经营会产生这么大差别？这个原因如果想不清楚，你想复制别人的成功，可能就做不到。你想规避别人所出现的危机，可能也规避不了，重蹈覆辙，就这个现实问题。

每一年中国企业都有崛起的，也都有倒闭的。而这种崛起的、倒闭的并没有引起很多企业的深刻思考，非常遗憾。我们都在忙于学所谓的成功经验，而很少去追溯、探索那些失败的原因到底是什么。就像古人说的，“秦人不暇自哀，而后人哀之；后人哀之而不鉴之，亦使后人而复哀后人也”。

做企业的思维方式很重要。成功的企业到底为什么成功？上市成功，这是现象；投资成功，这还是现象。不能用现象来解释现象，解释成功和失败，也解释不清楚，因为没有抓住问题的实质。到最后，我们始终跳不出这个坑。

稻盛和夫先生在这个问题上做了很深入的思考，他在想到底为什么，如此大的差别究竟从何而来？我觉得这番话不仅是问问题，他带给我们一种思维方式。也就是说，我们能不能这样去思考问题，去思考如此大的差别究竟从何而来。

做企业我们都在付出，都很拼搏，都很努力，可是决策和付出哪一个在前？哪一个相对更加重要一点？我认为是决策，如果决策发生了大失误，企业将危机重重。就像两军开战一样，士兵都很勇猛，都到一线去杀敌，可由于战略性错误大败而归。历史上这样的案例很多，如淝水之战，都是决策的问题。

一家企业在走向失败之前一定有几个关键性错误出现，而本身我们做企业、创办企业，它就是一个又一个的决策过程，这是它的本来特质。大企业几乎每个月都有重大决策，小企业每年有一两次重大决策。尤其在用人、投资、立项这些大事上，决策都会决定企业的最终成败。

我们都希望决策能给企业带来好的结果。可事实证明，每一种决策的最终结果都不是固定的。有的给企业带来一个美好的未来，有的给企业带来一次重创，还有的耽误企业发展三年，都有可能。这些问题在决策之前无法预料，是最难的。

每一种决策必然意味着指向一个结果，当决策下来的时候，结果几乎已经定了。这时决策变成一门非常坚实的学问，也是一个企业当家人最应该具备的专业素质。每个人内在的思维方式不同，决策完全不同，这也是决策的根本。

做企业有一个思维方式叫以理摄事。以理来摄事，摄就是管控、指挥的意思。企业中越是高端人士，他的关注点就越在理上。事有隔理之能，如果总在事上走，理不通的话，事上出现的问题自己不能够看明白。所以我在课程中经常跟企业家们讲“理”，只有在答疑的时候才问事。

不同的思维方式出现了不同的决策，而不同决策又引发了企业不同的结果。或者是发展，或者是倒退，或者是被耽搁，都有可能。所以表面看是企业和企业之间的差距，是结果的差距。其实是决策的差距，而决策差距又是思维方式的差距。想改变思维方式，就要多读好书、听好课。

思维方式的问题从深层来看，就是心的问题。这个如果研究过中国文化就知道，思维方式它是在心的上一层，是受心控制的。你觉得你想得很好，但实际背后是心在操控。所以为什么古人说静定生智慧，静定静的就是心，心静以后智慧开显了，智慧生出来，问题就解决了。

提高人的思维方式是一件比较艰难的事情，但是我们依然要探索这个话题。稻盛和夫先生给出了一个答案，他说："我们在生活和经营中，需要做出各种各样的判断。这个时候，我们会对照自己持有的思维方式和思想进行判断。作为判断基准的思维方式以及思想正确与否，卓越与否，结果将大相径庭。"

为什么大相径庭？因为作为判断基准的思维方式和思想的正确与否，卓越与否存在差距。如何保证企业决策思维方式的正确性？通过建立企业使命，"使命"就等于企业决策的正确思维方式。我们反复谈使命，是为了保证决策的正确性，就是这个目的。

有使命的企业按照使命来决策。使命不是挂在墙上，不是写在本里，是帮助企业做决策。大决策，董事会层来做。现场小决策就要靠层层贯彻使命——哲学共有来完成。整个公司上下都了解这项使命，都知道企业要干什么，都为此而付出、而奋斗、而努力，那么所有决策就一以贯之。

没有使命的企业，就像无舵之舟，在海上漂着随风走，会被社会裹挟，企业发展不起来。船在海中航行靠舵手，舵手是董事长，舵是使命，它分管所有决策。所谓企业使命不清晰，深层意思就是决策思维方式不清晰，企业决策的中枢、核心部分不清晰，这家企业就会有风险，决策风险很难规避。

第二节

最常见的四类决策风险

第一类，投资决策；

第二类，决策立项；

第三类，决策用人；

第四类，决策战略。

这些跟使命关系都非常密切，这些其中任何一项出问题都很麻烦。

第一类，投资决策。

很多大企业挣钱的时候，还希望再挣钱。本领域发展不动就开始搞投资，投资决策的衡量标准是什么？可能过去想的就是项目能不能盈利、投资回报率等这些问题。现在投资行业的专业分析有很多，我们运用使命思维来分析一下项目投资的可行性。

第一看需求端是否存在，是不是刚性存在，要思考为什么投资这个项目。假如我有 20 万支笔，每个中小学生买一支笔，一支笔能赚两元，那我就可以赚 40 万元。这种论述似乎成立，但未必真实，因为会落入“我认为”。未经调研的需求，都可能落入自我想象。所以不仅要看项目论述，更要看实际调研，尤其要有顾客端的真实反馈。

第二看产品端是否有足够的市场满足力。投资要找好产品，要经得住顾客体验。比如电脑蓄电池项目，好多人都想做，现在一般电脑的蓄电池待机时间都超不过十小时，就是因为技术突破不了。而市场又在这里，有好多人长途坐高铁、飞机出门的时候，都需要电脑蓄电池续航能力强。如果没有足够的市场满足力，这些产品不适合进行投资。

第三看人才团队能否支撑起产品的持续研发和顾客的满意度。事在人为，团队能把项目支撑起来，要有一支很强的队伍，有做研发的，有做销售的，有做制造的，这几类必须都要有。如果团队不整齐，项目支撑不动。很多项目看起来很好，觉得值得投，但是一投项目就运转不了了，原因就是人的问题。

第四看是否有一个很好的商业运营模式。前三个如果没有，谈第四个没有用。中国曾经有一段时间特别流行商业模式，而好的商业模式是要有支撑的，如果前面几个硬件不够，也不要妄想说足不出户写个商业模式就能引来1000万元资金，这种事在今天也很少发生。

所以如果以上这些条件都不具备，不建议去做投资。

还会有人出现一种情况，就是项目市场很好，市场资源空间也很大，但为什么转行就做不成呢？原因就是“专业化”。专业化是真正行业之间的壁垒，一家企业想在某个领域崭露头角，必须要有多年的足够积累而形成的专业化。

专业化的背后是文化问题，这个属于题外介绍。用文化思维来看投资，很多项目投还是不投，首先看它是不是善业，能不能利国利民，是就投，不是就不投。有所为，有所不为，这个学文化的人都明白。大家如果想了解这个问题，看《了凡四训》这本书就知道了。

第二类，决策立项。

企业要发展，如何立项目，立项目的原则是什么？按照使命思维，首先要观察企业的自身优势，不要着急跨行业。然后在这基础上研究与企业优势相关的潜在需求，这个潜在需求和企业的优势一定要相关，因为这样比较容易延伸。然后就是评估企业的研发能力，产品是否可实现，判断以现在的研发能力，能不能把产品做出来。我在教育行业工作了十四年，到现在也不敢说对教育非常了解，只是觉得刚刚有点入门了。就这么一个行业都这么难，何况其他行业了。

做新项目要想立项，还要分析企业现有团队实力是否具备延展能力，造人先于造物，人必须先行。比如目前团队有 100 人做市场做得很好，先分出 20 人去做项目，对原有团队也没有损伤，有损伤的话就有问题了，顾此失彼。很多年以前我到朋友公司去帮他们做一个收购项目探索，研究了一下午发现有一个问题没考虑到，项目想收购，得派团队过去驻扎才行，但是由于企业调不出人手来，最后研讨失败。

再举个例子，我有很多朋友做餐饮行业，后来我才知道餐饮行业淘汰率是60%～80%，非常高。我去过一些餐饮行业的老牌企业，发现它们有一个共同特征，就是三个字：菜好吃。而且味道独特。这种产品不好超越。关于餐饮行业都这样，更不要说其他行业了，更难切入。

所以我们在做立项的时候，按照使命思维去立项决策风险最低，它是安全、可行的，可以稳步发展。如果你不按部就班，贸然进入一个新领域，企业发展要小心。

观察稻盛和夫先生做企业的发展历史能看出，稻盛和夫先生早先一直做京瓷企业，在这个行业发展，因为有使命在，他个人管理经验也很成熟，整合资源能力又强，而像他这种人很少见，善于整合资源，善于建立技术。27～52岁做京瓷企业，到52岁才跨行业做第二家企业KDDI。专注一个领域二十五年做成功了才拓展去做KDDI，这是高手做的事情，一般人不要轻易去模仿。

第三类，决策用人。

过去我们选人聘人几乎都是用相似的方式，想找一个车间的现场经理，就上市场去找，先看简历谁干过，谁有经验用谁，基本都是这种用人思维。然而我们思考一下，这样选人用人就一定准确吗？干过并不一定就代表专业。

举个例子，之前我帮朋友看一个项目，我们就中午几个人一起吃了个饭，其中有两个副总，还有一个人力资源部经理。当时发生了一件事让我印象很深：我和董事长在谈话的时候，那个人力资源部经理老来打岔，忙着发表自己不同的观点，这不是干人力资源的特征。干人力资源的人特点是善听、善观察、善分析。这样老是表达自己的观点，我说这家企业用这个人还是不太对。像这样用人失误的案例还有很多。

那按照使命思维做用人决策时，就要他看对本企业使命是否认可。如果不认同，就不用谈了；如果理解不了，那就算了，不可重用。因为要是在不能理解企业使命的情况下，把权力交给他，风险会很大，所做出的决策也不一定是正确的。权力要交给认同本企业使命的人，这样企业才能上下一体，决策一致。

道不同不相为谋，以道相交。在选人的过程中先不要谈利，不要以利相交，更不拿利去诱惑别人，就是谈本企业要做什么，是如何做的，是否要为员工谋幸福，等等，把这些谈清楚。经过对话、交流之后听一下反馈，看看对方在哪个层面上。

尤其是高层角色的引入，失败的风险很高，要引起足够的重视。思维方式决定决策的正确与否，而人最难改变的就是思维方式，思维方式不易改变的原因是心性，心性决定思维方式，尤其是成年人的世界，心性特别不好调整。它不像学知识，也不像学开车。学知识一天就行，学开车三个星期就可以，而心性可能两年都提升不上去。所以，只有在选拔人才中注重心性，才能更好地推动企业发展。

志同道合是人才，能理解企业的使命，再谈愿景。对愿景认可叫志同，对使命、价值观认可叫道合，这才是企业所需要的人才。在这两个基础上再考验专业化的问题。现在这个时代想找到些志同道合的人很难，所以一般来说比较合理的是企业自己培养人才。

除此之外，判断选的人是否务实，能务实方可重用。务实代表着责任心，代表对结果负责，如果一个人不肯对结果负责，那这样的人容易误事。务实就是不夸夸其谈，所谈的事情都有清晰的思路。因为使命它本身就是很务实的，三要素、三大务实。培训技术、顾客定位、满足顾客需求，根据这个来用人才可以。现在有很多企业使命落地不了，原因就是没有真正为使命去发力。

这个道理同样适合育人。育人先育道，再育术，以道御术。这个道的部分就是使命的部分，也就是企业文化，一定要贯彻下去。然后根据岗位分工育术。道是负责决策的，术是负责执行的，决策永远大于执行。就像前面讲到的例子，哪怕送一辆物流车，一批零部件，都是要先决策后执行，决策错误，执行必然错误。所以先育道，再育术。

第四类，决策战略。

战略是使命的落地方案，使命确立后需要落实，而且要持续落实，这时就要用战略。看如下战略思考图：

企业决策

战略在体、相之间，属于事相部分，也是事相中最核心的部分。战略的所有都要依据体，就是根据使命做出的决策。有很多企业写战略说明书写不出来，就是因为没有使命（体）。使命不清晰，战略都是想法。有的企业写出了使命却写不出战略来，这说明使命是不真实的，可能只是个概念。使命确立之后就要马上去用，在相中用，体相不能分离。

和使命对应的是愿景。使命是起点，愿景是终点，中间就是战略，在战略中有人、事、物，有产品、业务、软件、硬件、信息流、资本流，比较有综合性。这些部分在《使命与发心》一书中后半部分有讲述，大家可以去看一下。先学使命，再学战略。研究战略的人如果不研究使命，所做的战略可能是个陷阱，也可能是个想法，或者是个野心，未必能有用。

战略是讲次第的，由易到难，由小到大，由近到远，以小博大这样做出来。因为使命本身不容易实现，要通过战略才能实现，所以战略当中的“略”字怎么讲，就是谋略。有谋略在里面，使命才得以实践。

一般来说，投资、立项、用人和战略这四类决策最多。这些跟使命关系都非常密切，其中任何一项出问题都很麻烦。使命的确切归类是归到企业文化中去，想成为优秀的企业家，最难的是心性。所以要学习使命，不仅学，还要学透；不仅学透，还要会用，实践出真知。还要学其他类别，如营销管理、产品研发、流程设计，等等，这些管理类专业相对来说容易一些。

第四章

从发心思考才能走得更远

第一节

发心与使命的关系

发心，重点关注的是个人心性问题，而使命，关注企业运作的思维方式问题。只有用发心托起使命的一套理论，企业才能更好地理性、良性发展。

过去我们谈企业就是经营、管理、销售、资本这些词，近两年才谈及使命，其实使命后面还有发心，很多问题可以从发心这里去寻找答案。我重点讲讲什么是发心，使命和发心的关系，发心为何如此重要。我们首先要对以上这些建立起认知。

什么是发心？我在书中做了介绍。发心就是我为什么从事这项事业。这个“为什么”做事业的动机就是发心，也就是我为什么而做。在谈怎么做之前，先谈为什么做。对于人生来说，发心就是我们为何而活，人生的意义是什么。即明确“为什么”，就是正确的发心。

这个话题难度较大，可能很多朋友都没思考过，或者思考了没有得出答案。因为这个问题不是思考出来的，是要靠看书、领悟、问答、交流最后探讨出来的。

凡是做事业的企业家几乎都有发心，做事前也都有发心。只是发心正确与否却不一定，光有发心不行，一定要正确。所以，我们在书中主要讲的都是正确的发心。

那么，它和使命是什么关系？

简单说使命是企业的使命，它以企业为对标。发心是企业创办人的发心，它指向董事长、总裁、创办者。

发心，对应的是人。使命，对应的是企业。所以我们谈使命，就要谈企业的使命；谈发心，谈的是当家人的发心。这是一个基本关系。

使命描述的是本企业应是做什么的，客观描述企业存在的缘起，而发心描述的是我为什么做这家企业。由此我们知道，发心在前，使命在后。

那为什么《使命与发心》的书名是反的呢？第一是为了符合读者们的阅读逻辑，第二是考虑到企业做事多年，从事层面到理层面过渡讲的是使命。而有的企业从理到心的层面需要一定的过程，所以把发心写在了使命之后，但在实施的逻辑上还是先发心后使命。使命描述的是一家企业本应遵守的客观的道理，发心描述了一个创办者基于怎样的动机来做这家企业。

一家企业，以发心来推动“体、相、用”，而首先推动的就是“体、相、用”中的“体”，即使命。也就是说，我们要靠发心把整个企业托起来。所以，企业要想完整地、合理地、高效率地运作必须依赖于一个正确的、强大的发心。

没有以正确的发心为支撑，使命要么找不到，要么成为空谈。要先得有发心，这样使命才能更好地落地与执行。有的企业家来找我，说找不到企业的使命。其实有的时候，不是使命找不到，是发心找不到，没有发心，所以导致使命也找不到。还是要回到发心才行。

使命不能照搬照抄，也不能让别人制定出来送给你。因为你即使拿到了也没有用。有的朋友来我们学校，觉得墙上的使命很好，就记下来，我和他讲：记下来很好，可以借鉴，但回去用的时候要小心。因为要是只看这些文字的话只能得其相，不得其本质。不知道我们真正想做什么，只模仿着做就会出现问题。

使命，它是一种思维方式，在某一时间段是可以发生变化的。而发心跟企业人的心性有关。两者在两个维度上，人的思想高度跟心性有关，心性决定思维。

后来在做企业家“精进 180”班的时候，反复和明德企业文化研究院的同事们强调，一定要想办法帮助来听课的企业家、长期接受学习陪伴的企业家，做心性成长练习。所以我一方面给大家传递正确的企业管理思想、正确的教育育人思想。另一方面也在想办法提升企业家的心性、提升家长的心性以及他们对教育的认知。现在的企业遇到很多问题和困境，其实跟企业人本身的心性也是有关的。

发心，重点关注的是个人心性问题，而使命，关注企业运作的思维方式问题。只有用发心托起使命的一套理论，企业才能更好地理性、良性发展。

第二节

为什么发心如此重要

发心是成功的起点，从你的事业到你的人生都在发心上，成败、得失、进退、兴衰都是从这个点开启的。

稻盛和夫先生讲大义名分，大义名分是使命，有的中国企业应用得非常好，有的企业用了十年还不清楚什么是大义名分。我们和稻盛和夫先生的差距，不只是思想差距、经验差距，更重要的是心性的差距，尤其成年人提升心性非常不容易。不像少年时期，每一年的心性变化都很大。

发心有多重要？从你的事业到你的人生都在发心上，成败、得失、进退、兴衰都是从这个点开启的。我们看很多人做事业，要么做不成，要么做不大，要么做不长。究其根源，几乎都是因为发心。如果不从发心理论研究，不太容易能想到以上风险。并且极易为自己找理由，比如事情做不到，因为政策变化；做不长，因为意外风险；做不成，因为困难重重等借口。

可是每家企业都有困难，都在经历同一个时代，都有政策变化，都有意外风险，为什么同样的困难和风险，有的企业遭遇后就一蹶不振，而有的企业能在逆境中实现突破呢？这些困难和风险并不是企业真正做不大、做不成的原因。我们从外界找原因永远找不到标准答案，一定要向内找，找发心。

发心是成功的起点。

我希望中国企业都能够进入一个对自己发心反复观察的时代，这样我们就能够提高效率，减少许多无谓的损失。对于想做事业的人都渴望成功，成功几乎是我们共同的追求。我们想找到成功的密码，找到成功的核心要素，简单总结为八个字：“发心为因，成功为果。”因果直接对应，如是因，如是果。结果出现问题，那一定是开始的因不对，渴望成功要从因上着手，从发心着手。事业不成功或者总是障碍重重，先从发心上找原因。

千里之行始于足下，始于足下志在千里。“足下”就是你的发心，在中国文化中也叫“慎于始”。和“慎于始”相对应的一个词叫“始乱则终弃”。即开始就是混乱的、不明晰的，结果就一定会被抛弃。所以要慎于始。

分享一段我自己的经历，2014 年我想创办一所学校，经历了很多，也用了很多心思，可一直筹备到 2016 年都不见起色。我就反省，为什么老是做不成？耗时两年多，精力也付出了很多，学校为何做不成？通过反思，我找到了原因，是发心不到位。

我又继续在发心上找原因，一找，发现自己的发心确实不足、不够，只是因为家长拜托我因为孩子上不了学，想让我办所学校这么推动着。我想家长这么好心，也不忍心拂人家面子，那就办一所吧，就这样很被动地做了这个决定。可是到底为什么办学校自己却没有好好坐下来仔细想一想。这时候我知道了，在发心不足的情况下，即使办成了这所学校以后也难以前进。

找到原因后，我就带了一份“发心书”去了山东曲阜，去朝拜圣人孔子。出发前，我明确并坚定了自己的发心并写了下来，立下志向并决定坚决不动摇、不后退。就这样我带着这份发心拜见了圣人，向圣人宣读了我的发心。回来后不到一个月，我就发现很多缘分相聚而来了，事情进展得也很顺利，就是在那年的8月28日，华夏这所学校顺利开学了。

这是一段非常奇妙的经历，它带给了我很大的触动。后来也有很多人问我，怎么看待学校未来的发展，我告诉他：全在我的发心中。当我的发心不对时，就是这所学校即将降临风险之时。所以，为了保证学校的安全，我只能牢牢地、反复努力地守住我的发心。

第三节

五种发心问题及具体表现

没有发心，无事业可谈。

发心不正，事业失败。

发心不对，一时成功后还是失败。

发心不明，做不动，走走停停。

发心不足，半途而废。

五种原因，五种结果。

做企业，就要守着发心去做，这是我的经验。那发心的哪些情况会带来很多问题，有以下几种：

第一种情况，没有发心。

想做事业，但根本就没有发心，仅有想法或空谈。很多人没有用强大、坚定、清晰的发心做事，只愿意谈想法，不着调、不务实，导致很多人事业做不成。没有发心等于没有因，没有因就不会有果，土坑里都没一棵树苗，别人无法给它浇水。像现在很多青年创业，也是一样，我教创业课的时候问他们“为什么做这个事业?”“为什么做这个项目?”答案要么就是不知道，要么就是能赚钱。

如果明白商业和商道，有可能会赚钱，但如果不明白，要么赚不了钱，要么也得靠专业化赚钱，不可能仅凭一个想法就赚钱。外行干不了内行的事，想干，必须学习专业。很多年轻人创业失败，很可惜的是他们并不明白创业到底是什么。

明代大儒王阳明在《教条示龙场诸生》中说过这样一段话，

“志不立，天下无可成之事。虽百工技艺，未有不本于志者。今学者旷废隳惰，玩岁愒时，而百无所成，皆由于志之未立耳。故立志而圣，则圣矣；立志而贤，则贤矣。志不立，如无舵之舟，无衔之马，漂荡奔逸，终亦何所底乎？”

这个立志就是在说发心，没有则无可成之事。现在很多做商业的人，百无所成，玩岁愒时，都是由于志向没有确立。包括我们做教育也是一样，为什么很多学霸、状元最后没有成为经营人才，答案很简单，皆由于志之未立耳。有很多家长不明白，让孩子追求高学历、考 985 院校、读研、读博等，这当然是好事。但最核心的是孩子要发心立志，作为家长和老师，要明白如何让学生立志。这跟做事业是一样的，发心为因，成功为果。

第二种情况，发心不正。

只为自己谋利益，没有考虑到顾客、员工、国家与社会的真正利益。人为自己着想，属于本能，而懂得正确为自己着想，那才叫智慧。我们需要学习这种智慧，可以赚钱，可以盈利，但不能把赚钱当成发心。如果只想着自己赚钱，不管顾客，也不管员工，这条路是走不通的，暂时走通也走不长远，带着自我的发心不是正确的发心。

在教育行业也出现了同样的问题：父母以孩子就业挣高薪为追求。就业是对的，挣高薪也对的，可是如果孩子的最高追求仅仅是就业的话，那他的人生路以后很可能会走得比较艰难。《钱氏家训》有云："利在一身勿谋也，利在天下者必谋之。"现在的孩子应该以追求报效祖国为最高追求，去忠于国家，忠于人民，人民利益至上。这离我们并不遥远！我们现在都在忙着利身，给孩子人生的设计路线就是考高分—上名校—找工作，最后勉勉强强地找了一份工作，随后也出了很多问题。

《道德经》里讲：非以其无私邪，故能成其私。稻盛和夫先生说：动机至善，私心了无。所以，在发心上要发无私的心。作为学生，就要发国家至上、人民至上的无私的心。这样培养出来的学生，将来不是钱伟长就是钱学森这样的伟大人物。所以我们和钱老的差距不是智商的差距，而是发心的差距，发心的背后就是认知，不知道其中的问题所在。

第三种情况，发心不对。

考虑到了顾客的"需求"，但是不符合顾客的长远根本利益。其结果就是一时成功了，但后来终会失败。

举一个例子，国内这些年出现大量帮学生做提高分数和补课刷题的培训机构。这种机构满足了家长的分数需求，可是如果一直做下去，是不符合孩子人生成长的长远利益的。要托起一个学生的未来人生需要三大硬件：德、智、体，而这三大硬件都不是用分数能够衡量的。德是品德修养、智是智慧能力、体是体力意志，分数不是德、不是智，也不是体。一只箭不可能同时射中两个靶子，如果过于把焦点放在分数上，就可能不知不觉地耽误了孩子的德、智、体。因为德、智、体都不是分数能衡量的，分数可以测量知识。但知识到了质的层面，还有需要跃升的很大一部分空间。

就像企业中的一些情况一样，很多商家对顾客是有误导的，只是考虑了顾客眼下的需求，却没有考虑到长远的利益。比如，孩子们要玩电子游戏，商家就开发一款少儿电子游戏产品，让孩子迷恋游戏。这个发心看似好像是为了满足顾客需求，其实是在利用顾客的需求刺激他们的购买欲望，获得不太正确的财富。现在很多商业行为就是在刺激欲望，这种发心一时可能会让事业成功，但终究是会失败的，不可能长远。

这种发心我不支持，虽然一时挣钱，但历史自有公论，经过时间跨度以后一切都会复原，尘归尘，土归土。立德立功立言，先立德后立功。德不立，发心就不对，功自然立不出来，所以要对社会有功勋才好。为他人着想，是世间第一等学问。不仅是做一款产品赚一笔钱，还要考虑顾客的长远利益问题，这才是真正为顾客着想，这里才会有发心。

第四种情况，发心不明。

想为国家、顾客做些有意义的事，但是到底为什么做，没想清楚。这就会导致事业走走停停，方向不明，做不大。我们学校社团中的学生学习各个行业，像医学、艺术、教育、科技、政法、人文的都有，我们花了一年时间来研究“为什么学医”“为什么做教育”“为什么搞科技”这些话题。因为我知道只有在“为什么”上理顺清楚，才能真正做好社团培养学生。

在我们和社团老师的交流中，我说“以我个人观点，科技当下最大的任务是要化解人类的危机，危机迫在眉睫，科技要挺身而出。科技这时候不仅仅是忙着提升高铁的出行速度，而是把科技的力量放在人类环境的治理上”。我们思考一下，这两个哪个更为重要？

看看这个时代，看看商业，我们该为这个时代的商业做点什么。什么是我们应该做的？一件事我们要知道为什么而做，如果想不清楚，基本就做不明白。这一生方向不明，走走停停，走着走着就走不动了。

这个时代特别需要相对独立的清醒，要反复思考为什么做。发心不只是一个善良的想法，如果只靠一个善良想法不足以支撑起你的事业。

第五种情况，发心不足。

想做有意义的事，但内心不坚定，遇到打击怀疑时就会退缩。很多人的发心只有一时，最终半途而废，不能坚定地走下去。发心和别人无关，是为自己而发的，不是发给别人看的。我们要对自己负责任。

发心源于心性，人和人心性不同，所以我们的发心别人未必能懂，这是我们自己要思考的话题，不是要征求所有人的意见和认可，那是民意调查，和发心是两回事儿。钱伟长老先生想走科技救国路线，想清楚就去干，一干就干了一辈子，不用问别人，问别人也未必会告诉你正确答案，除非问一些名人，问真正有追求的人。

别人的话只能作为参考，要听就听事业相对有成的人的话或者有深刻思想同时做成了一些事的人的话。别人的打击不是我们退缩的理由，发心不坚才是真正原因。别人的误导也不是我们退缩的理由，发心不坚定才是真正原因。没有人能陪我们走完这一生，也没有人能对我们的人生负责任，只有自己。

没有发心、发心不正、发心不对、发心不明、发心不足这五点都是发心上出的问题，这也是因上有问题导致结果上出了各种问题。五种原因，五种结果。

没有发心，无事业可谈。

发心不正，事业失败。

发心不对，一时成功后还是失败。

发心不明，做不动，走走停停。

发心不足，半途而废。

因果直接对应，我们可以自我对照一下，我们是哪一种。

第四节

一个正确的发心可以成就一番事业

只要怀揣正确发心，结合外缘，启动内在动力，借助时间财富，善用变化，你将不断创造价值，最终实现自己的成功人生。

今天我们看到各种结果背后都是有潜在原因的，为什么成功的人总是那么少，因为能找到一个正确的发心，并能守住、握住的人太少了。

那么这些错误是怎么造成的？有三点原因：

第一个原因，不知道发心如此重要。

没有在发心这个问题上求过学，下过功夫，动过脑筋。但没有想过，总是在追求结果。有的企业家暴富了、上市了、成功了，就向他学习。学的只是果，果不容易复制，得学因，因才是发心。我在《使命与发心》这本书中记录了稻盛和夫先生的故事：

稻盛和夫先生在 52 岁创立 KDDI 的时候，曾经用半年的时间叩问自己的发心。他说："你参与通信事业，真的是为了国民的利益吗？没有夹杂为公司、为个人的私心吗？是不是想出风头要引人注目？你的动机真的纯粹吗？没有一丝杂念吗？反复这样的自问自答，就是说是不是动机至善，私心了无。一次又一次，我不断扪心自问，借以审视自己动机的真假善恶，这样经过整整半年，终于确信自己心中没有一丝一毫的杂念，我这才着手设立 DDI，即现在的 KDDI。”目前 KDDI 在世界 500 强里排名第 245 位，2019 年度营收 4582080 万美元。

稻盛和夫先生 52 岁开始做的 KDDI，光找发心就用了半年时间，反复问自己呀！高手做事，因上着力，因为他知道发心太重要了。我看到这个故事以后很感慨。所以我做学校以后，我在“为什么做学校”上想而又想，因为我知道这个太重要了，要牢牢握住。可是像稻盛和夫先生这么做的人太少了，大家都在果上妄求，不在因上发力，如果我们肯像稻盛和夫先生一样，用半年时间去找这个发心，悟透以后再行动，可能我们现在的中国企业还会有大幅的提升。

第二个原因，不知道什么是正确的发心。

关于正确的发心，须要具备三个基本要素，才可能达成一个正确的发心。

第一个要素：对事实的洞察。

第二个要素：较高的心性。

第三个要素：正确的知见。

这三者联合起来，才可能形成一个正确的发心。如果这些条件不足，那么它很可能就是一个善良的想法。正确的发心里不可以藏私心，藏了私心就不是发心了。发心不能跟着感觉走，不能停留在感觉层面，还需往深层思考。

第三个原因，出现问题时没有及时回到发心上省思。

古人说：行有不得，反求诸己。一件事没有做成，要向内求，先问发心。发心是因，因不容易看见，它是一种内在的世界。当下是果，果容易看见。从果往因上推，果上出现重大问题，首先要回到发心上找原因。如果说发心很足，但还是有障碍，不要紧，你的发心足以突破障碍。如果发心是对的，就一定可以，别担心。这些困难和障碍都是考验和助力，重点考你的发心。

我自己办校六年被考了好多次，也是这样走过来的。因为知道这就是一个基本规则，我很清楚也得遵守这个规则，就像开车不敢闯红灯、不敢酒驾一样，都要遵守规则办事情。

所以出现重大问题，不要找客观理由，也别说没有想到。从发心上找原因。这种由果推因的思维方式大家可以经常运用，由当下的一个结果，像事业的进展，倒查当初的发心，看看正确与否。发心检查好了没有问题，那就全力以赴地去克服困难。把所有的精力放在解决困难上，用发心作助力就一定能走出来。

那么为什么一个正确的发心可以成就一番事业，这个关系到底是怎么形成的？发心是因，成就一番事业是果。这两个之间到底怎么变化过来的，到底是什么原因呢？这部分也是文化的核心内容：

第一，所谓事业，亦是因缘和合而成。

事业是什么？企业、公司、厂房、设备、人员、技术、市场、信息流、资金流、产品、资产、资本，这叫众缘和合，各种缘。因缘和合的因就是创办者的发心，缘就是前面说的各种条件。所以企业作为一个事物而存在，它是因缘和合而成的。

缘散布于天地之间，因为“发心”而汇聚，聚合成了事业。没有发心之前，员工、技术员、总经理、先进设备、市场，这些缘本来都存在着，但是没有汇聚，要靠一个核心的力量——发心而汇聚在一起，因缘和合成了事业。所以发心有聚合缘分的能力，这也是发心本身的重大作用。

就像一粒饱满的种子，本身就有聚合天地、阳光、水分、养料、空气的能力，这粒种子是活性的，是饱满的。它放在土壤中自然要吸收水分、吸收养分、吸收阳光、吸收空气。它天生自带这种能力，所以种子可以长成一朵美丽的花。这种自然现象我们看到都很容易理解，而发心就像那粒种子，它有聚合缘分的能力。这就是一个正确发心的力量所在。

第二，何其自性，本自具足。何其自性，能生万法。

每个人都有本自具足的自性，自性因发心而开启。因为发心开启后，成了圣贤。做商业就是商圣；做医学就是医圣；做人文就是文圣。都可以，这就是发心的秘密，它的力量所在。发心它是一把开启内在智慧宝库的金钥匙。这个宝库就是自性，每个人都有。这把钥匙它开启了本自具足的自性、开启了智慧。

很多朋友会有这样的感触，当你开始发心立志以后，就会发现每一年的智慧增长得很快、人变化也很大，心想过去看书、听课也没有生出智慧来，怎么有了发心以后，看完一本书，这个智慧就开启得那么快。其实，这就是你本来有的，只是借书那个缘而绽放出来了。

一粒种子经过破土、生根、发芽、开花，要结果了，这都是发心所带来的力量。发心，外容诸缘，内起自性，有了发心，它就为你的成功做好了充分的准备。如果一个人具备这两条，就离成功很近了。

第三，这个世界有一个不变的真理，就是变化！每个人都有一笔巨大的财富，叫作时间！

有一个不变的，叫变化，一切都在变。时间不能停止，对每个人都是公平的。不管你是达官贵人还是贩夫走卒，每天所度过的时间都是二十四小时，而这个时间给了我们一笔巨大的财富。老天赐给一个少年十六年的财富，而十六年当中，身体和心灵本能地在发生变化，它不可能停止。时间属于你，变化属于你。怎么用呢？就是用时间来促成变化。

教师因为善用变化，培养出了人才；农民因为善用变化，收获了粮食；医生因为善用变化，疗愈了病人……这都是变化给人带来的各种利益。时间是你的，变化是客观的，你有发心，再把时间交给你，利用变化创造出价值来，你就会度过一个有意义的人生。

我们看一代人的成长轨迹，经历幼儿园、小学、初中、高中、大学，二十年后人与人之间一样吗？不一样，也一样。经历的时间一样，而结果不一样。二十年都在变化，做成事业的人在变化，一事无成的也在变化。变化不可能停，时间都是一样的，但因为发心产生了根本性的不同。发心加时间就等于有意义的人生，没有发心加时间，就等于蹉跎岁月。

有了发心一切都是水到渠成，《大学》里说："知止而后有定，定而后能静，静而后能安，安而后能虑，虑而后能得。"知就是发心立志，找到方向然后就定住了，能定后能进，心就安了，不迷茫了，不躁动了。心不受外界诱惑，只安住在自己的目标当中，所以静而后能安。心安是安住在你的理想、发心中，然后持之以恒。安而后能虑，要长期反复想，就会出现、获得、拥有了。

如果我们肯用十年时间去做一件事，一件有意义的事，成功的希望很大。可是有时我们偏偏喜欢用一年时间去做十件事，于是成功的希望就很小。

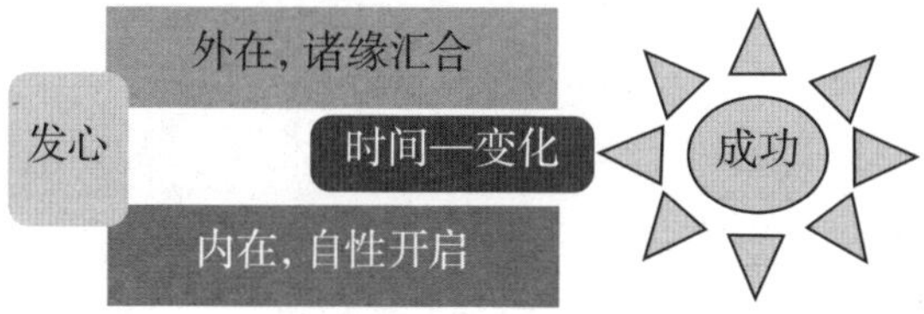

只要怀揣正确发心，外融诸缘，内启自性，借助时间财富，善用变化，你将不断创造价值，最终实现自己的成功人生。

一粒种子可以长成一棵大树，这棵树可能几吨重，这粒种子可能只有几克重。这就是利用自然界的规律来做事业。道理如出一辙，并不复杂，关键是谁能找到这粒种子。

2021 年是中国共产党成立 100 周年，我经常和学生们讲，百年党史悟大道。随着一百年的发展，我国成为一个富强、民主、文明、和谐的社会主义国家，非常不易。不忘初心、牢记使命，永远不忘初心，是我们成功的秘密法宝。所以，百年党史对我们是一种借鉴和激励，也是一种引领和教导，它告诉我们，我们也能成功，做出正确而有意义的事业。

第五章

形成正确发心的三个条件

第一节

正确的发心来自对现实问题的洞察

当一个人观察到社会某一现实问题，这一问题如果不解决，将会影响很多人的生活，甚至是国家与民族的命运，他愿意站出来承担解决，这就是发心的缘起。

正确的发心从何而来，它是怎么找到的？这对于一个人的人生来说，确实是一件极具挑战性的事，也属于文化中的一个核心话题。

一般来说，发心从三个地方来：

第一，较高的心性。个人心性得到过修养，或者心性先天比较好。

第二，对现实的洞察。能够很关注现实事物，并且能深入分析。

第三，对人生和事业有正确的见解。有很高的文化修养和深度的思想。

这三者联合起来，能够形成一个正确的发心。而在这三者中，我们最容易接触到的就是对现实的洞察。当一个人观察到社会某一现实问题，这一问题如果不解决，将会影响很多人的生活，甚至是国家与民族的命运，他愿意站出来承担解决，这就是发心的缘起。这里也有一些具体案例和大家分享。

“起来！不愿做奴隶的人们！把我们的血肉筑成我们新的长城！中华民族到了最危险的时候，每个人被迫着发出最后的吼声。起来！起来！起来！我们万众一心，冒着敌人的炮火，前进！冒着敌人的炮火，前进！前进！前进！进！”

这首歌你一定很熟悉，是我们的国歌，田汉作词，聂耳作曲，是中华民族解放的号角，诞生于1935年民族危亡的关头，激励了无数中华儿女投身于抗日救国的壮丽事业。

1931—1945年，中华儿女经历了十四年的抗日战争，当时的中国，正如歌中所言，到了最危险的时候。有人选择了投降，选择了丧权辱国，而有人选择了站出来，抛头颅洒热血，拯救这个国家。

中华民族到了最危险的时候，这句话唤醒了祖国无数仁人志士的发心。好多人发心一致，拯救国家，写下一章章壮丽的诗篇，当时的发心就是源于这样残酷的事实。为什么有那么多人到一线牺牲了自己的生命，就为了四个字——保家卫国！这就是发心，它发源于对民族、对国家危难的认知和担当。我们通过这一件事就能看到发心的缘起。

再来看一段歌词：“西山沧沧，滇水茫茫，这已不是渤海太行，这已不是衡岳潇湘。同学们，莫忘记失掉的家乡，莫辜负伟大的时代，莫耽误宝贵的辰光。赶紧学习，赶紧准备，抗战、建国，都要我们担当！同学们，要利用宝贵的时光，要创造伟大的时代，要恢复失掉的家乡。”

这首歌是西南联大的校歌，西南联大是当时的北大、清华和南开三所学校联办的，校长是三所大学的校长梅贻琦、蒋梦麟、张伯苓，校址在昆明，是当时北平沦陷之后，被迫南迁到了昆明。这所大学前后只存在了八年，抗战结束以后，又搬回去了，我去过那里的遗址 ，看到后非常感慨。

这首歌最核心的一句话是莫忘记失掉的家乡，激励了西南联大 3882 名学子的发心。这批师生在昆明学习的时候，每天提醒自己莫要忘记失掉的家乡。家乡被人占领，背井离乡来到了昆明求学是为了什么？为什么要求这个学？为什么老师在学校条件如此艰苦的情况下还要为我们教学？那批学生他们明白为何而学、为何而做，他们是有志向、有发心的。他们要回这个家乡，要振兴这个国家，所以这所学校才会成为世界教育史上的奇迹。

八年时间，西南联大虽然只毕业了 3882 名学生，但走出了 2 位诺贝尔奖获得者、4 位国家最高科学技术奖获得者、8 位“两弹一星”功勋奖章获得者、171 位两院院士及 100 多位人文大师。这所只存在了八年的“最穷大学”，却被誉为“中国教育史上的珠穆朗玛峰”。

当一个国家国土沦陷，农民颠沛流离时，这些知识分子站了出来。他们选择的不是个人的富贵，更不是投敌叛国，他们用知识来保卫我们的祖国。在中国近代史上做出了非常重大的成就，那是中国教育史上一代的辉煌，我们从中能看到发心的力量。

再来看一首诗，“忧患千千结，山河寸寸心。谋身与谋国，谁解此时情”。1970 年，年近花甲的南怀瑾先生写下此诗，道出了他的梦想，一是文化复兴，二是祖国统一。作为学养深厚、有着深厚家国情怀的南先生一生致力从戎报国、回报乡梓，为此跃马戍边、辗转欧美、俯身教育而夙兴夜寐、鞠躬尽瘁！

1970 年，中国在经历十年“文化大革命”，而南怀瑾先生年少学文化，他深知文化对于一个民族的重要意义。看到这种情况以后，他内心“忧患千千结，山河寸寸心”。学术深厚的南怀瑾先生，他为什么坚定复兴文化呢？他是基于什么样的认知？文化兴衰在他心中有怎样的分量？他是怎么思考这个问题的？

以下是南怀瑾先生在晚年和彼得·圣吉的一段对话：

“今日的世界，由于西方文化的贡献，促进了物质文明的发达，如交通的便利，建筑的富丽，生活的舒适，这在表面上来看，可以说是历史上最幸福的时代。但是人们为了生存的竞争而忙碌，为了战争的毁灭而惶恐，为了欲海的难填而烦恼，这在精神上来看，也可说是历史上最痛苦的时代。在这物质文明发达和精神生活贫乏的尖锐对比下，人类正面临着一个新的危机。”

这个新的危机是什么？在他们看来，是中华文化。只有恢复中华文化，弘扬中华文化，才能度过这个危机，否则此题无解。这是南怀瑾先生所观察到的，他还说过这样一句话："我常说，一个国家亡了不怕，是可以复国的；最怕自己国家民族的文化整个亡掉，那就翻不了身了。诸位青年同学千万要注意，将来的时代，我们的文化要你们年轻一辈去挑啊，不能使自己国家民族的文化种子断绝。"

"欲要亡其国，必先亡其史，欲灭其族，必先灭其文化。"想要一个国家灭亡就要先让这个国家没有历史文化作为支撑；想要灭掉一个民族，最主要的是让这个民族没有了文化思想。一个国家、一个民族兴旺的支撑点不是金钱和权利，而是他们所拥有的历史文化，通过对照历史的得与失时刻鞭策自己，让国家得以发展，而学习新的文化只是让国家更好地发展。贫穷并不可怕，可怕的是没有了思想！正如在二战时惨遭德国纳粹杀戮的犹太民族，就是靠着民族文化建立起了自己的国家以色列。

这些发心都来自对现实的深刻洞察，精神文明的问题是物质文明无法化解的。我们今天富裕了，有钱了，可是我们知道精神疾病的暴发已经增加了很多倍。而且侵袭到了校园，中学生精神疾病的暴发率已经显著上升，为什么会这样？值得我们反思。如果此时的你在研究文化，你会发现文化可以告诉你心是怎么受伤的，精神世界是怎么崩塌的。所以，文化能让你过上一种正常的精神生活，所以才会感到幸福。其实，像南怀瑾先生这样老一代做文化的大师们对这些问题都非常清楚，他们忧患的是文化，忧患的是百姓，忧患的是我们现代人的心理健康问题。

南怀瑾先生说："我们虽失望，但不能绝望，因为要靠我们这一代，才能使古人长存，使来者继起。为了挑起这承先启后的大梁，我们一方面要复兴东西方固有文化的精华，互相取长补短，作为今天的精神食粮；一方面更应谋东西方文化的交流与融会，以期消弭迫在眉睫的人类文化大劫。"

记得曾世英先生在病床上说过的一段话就讲到了中华文明，并强调中华文化一定要传承下去。时光流逝，曾世英先生走了，南怀瑾先生也走了，他们那代人对文化的热血与担当正是因为认知。今天的我们如果认知达不到的话，就容易在弘扬文化这件事上犹豫、徘徊，就不会像老一代人那样坚决和笃定。我们觉得今天好像吃了一些苦，也遇到了一些困难，但跟老一代人相比，我们吃这点苦又算什么呢？可能大家会质疑，但只要阅读他们的传记或书籍就能找到答案。所以，有没有发心不是因为困难，是因为认知的深度。正是由于那些大师都是读史之人，经常阅读中国史，也会深读西方史，所以他们非常明白文化到底有多重要，深知文化对国家、对百姓的重要性。所以，他们才会有这样的发心，才会站出来不遗余力地弘扬文化。

我再和大家分享一个故事，钱学森一生的五次重大选择：

年少就读中学的钱学森非常优秀，数学老师认为他在数学领域很有天赋，希望他报考数学系；国文老师认为他的文章写得很好，希望他报考中文系，将来当作家；钱学森的母亲则希望他子承父业，从事教育行业；而钱学森的音乐、美术老师认为他艺术上很有天赋，建议他去学画画、学作曲。

然而，此时的钱学森受到了孙中山先生“实业救国”思想的影响，打定主意要学铁道工程，给中国造铁路，成为像詹天佑一样的工程师。最后，钱学森报考了国立交通大学机械工程学院，学习铁道机械工程专业，立志为国家做贡献。钱学森的第一个重大选择就是对大学的选择。

1932年，日本飞机疯狂轰炸上海，“一·二八”事变爆发。还在国立交通大学学习铁道机械工程专业的钱学森，深感发展航空事业的重要性，他做出了人生的第二次重大选择：改学航空工程。

在学习航空工程的过程中，钱学森感到航空工程的依据基本上是经验，很少有理论指导。如果能掌握航空理论，并以此来指导航空工程，一定可以取得事半功倍的效果。于是，钱学森做出了人生的第三次重大选择：从做一名航空工程师，转为从事航空理论方面的研究。钱学森向当时航空理论研究的最高学府——加州理工学院提出申请，并且只身一人来到了加州理工学院，敲开了自己后来的导师冯·卡门教授办公室的门。经过一番口试，冯·卡门教授非常满意这个年轻人，录取了他。在导师冯·卡门的指导下，钱学森很快成为航空理论方面一位杰出的科学家。

1950年，钱学森辞去工作，买好了回国的飞机票，把行李交给了打包公司打包。然而，就在这时，他接到了美国移民局的通知：不准离开美国！他被迫退掉飞机票。几天后，钱学森突然被捕，他的行动受到限制，信件受到检查，电话受到监听。然而，钱学森并没有屈服，他不断提出要求：我要离开美国，回到祖国去。

他坚持斗争了五年，他的斗争得到了中国政府和中国人民的亲切关怀。1955 年，美国政府不得不同意钱学森回国。同年 9 月 17 日，钱学森登上了回国的轮船。10 月 8 日，他含着幸福的泪花，终于回到了祖国的怀抱。

钱学森历尽艰险终于回到祖国。国家的需要使得他做出了人生的第四次重大选择：从学术理论研究转向大型科研工程建设。钱学森将国家的需要作为自己工作的选择，义无反顾地把毕生的精力贡献给了中国航天事业。经过半个多世纪的发展，中国跻身世界航天大国之列，弹（导弹）、箭（火箭）、星（人造卫星）、船（飞船）、器（航天飞行器）全面发展。钱学森出色地完成了国家交给他的任务。

1982 年，钱学森终于从行政领导岗位上退了下来，此时的他已经 70 岁了，他完全可以退居二线，享受难得的清闲时光，但他并没有。几乎没加考虑，钱学森立即做出了人生的第五个重大选择：他决定再次回到学术理论研究当中。

一位老人，一生都在不停地选择，做这些选择都是有原因的，为了中国铁路选铁路、为了中国航空选航空，为了中国科技、为了航空事业做工程建设，基于发心而选择。如果换作是我们，你的数学成绩很好，你的艺术成绩很好，你的中文成绩也好，你要高考了会报什么专业？你以何来做选择……

现在的学生，我个人觉得，缺少对社会的关注、关心和了解。有时候谈到人生理想，他们觉得很迷茫，我就问他们几个问题：

你知道中国目前科技的现状吗？不知道；

你知道目前中国和美国、欧洲的整个科技对比吗？不知道；

你知道目前中国的科技领域，哪些在世界上还落后于其他国家，哪些已经领先了吗？不知道。

理想是一个人对社会问题的洞察。我想如果连这些问题都不知道的话，是找不到理想的。所以我要求我们学校的中学生要做到家事、国事、天下事，事事关心。找到发心志向，确定好人生方向，不要被社会裹挟。如果你说中国科技需要我、中国文化需要我，我希望通过考上清华大学、北京大学，用科学、用人文去支持国家建设，那才叫发心！

“疾风知劲草，板荡识诚臣。勇夫安识义，智者必怀仁。”这首诗出自唐代李世民的《赠萧瑀》，这首诗真的像描述钱老一样，在国家最艰难的岁月，成为民族的栋梁，踏着坚韧的脚步到美国去留学，舍生忘死回到中国来。他是个智者，是个勇者，是个仁者。

这是一个关于发心的典型案例，今天我们作为老师、作为父母，就是要让孩子们看到国际大国间的博弈，洞察背后的深层逻辑，这是我们的责任！

稻盛和夫先生拯救日航，我们看他是以何发心的。稻盛和夫先生说：“我常常回顾日航重建过程的日日夜夜，究竟为什么日航重建能够获得如此奇迹般的成功？我进行了深入思考。为了重建日本经济，为了保住留任日航员工的就业岗位，为了日本国民。我鞭策这把老骨头，不拿一分钱报酬，全力以赴投入了日航的重建。”当时稻盛和夫先生 78 岁，一个 78 岁的退休老企业家，为了日本经济，为了保住员工的岗位站出来去担当。在稻盛和夫先生心里，个人荣辱是小，日航员工幸福是大，他将个人置之度外去拯救日航，这就是他的发心。

我曾在一家央企工作了很多年，这家企业因为连续亏损后来被合并了。看到日航案例的时候，我很感慨，如果真有人能站出来担当并且能真正解决问题，可能这家企业就不会出现破产倒闭的情况了。我个人觉得这个时代缺少有发心的人，更缺少有发心之后有智慧的企业人去解决这些问题。

第二节

正确的发心来自正确的知见

发心不是一个想法，不是一个简单的梦想，发心的深层是认知的高度。如果认知的高度达不到，发心就无法生起。

陈嘉庚，是著名的爱国华侨领袖、企业家、教育家、慈善家、社会活动家，福建人。厦门大学、集美大学、集美学村、翔安同民医院等，均由陈嘉庚创办。陈嘉庚一生具有强烈的爱国情怀，为辛亥革命、民族教育、抗日战争、解放战争、新中国的建设做出了卓越的贡献。生前被毛泽东称誉为“华侨旗帜、民族光辉”。

陈嘉庚建立厦门大学非常艰难。1921 年陈嘉庚认捐开办费 100 万元，常年费 300 万元，创办了厦门大学，有文、理、法、商、教育，五院 17 个系，这是唯一一所由华侨创办的大学，也是全国唯一独资创办的大学，于 1921 年 4 月 6 日开学，陈嘉庚独力维持了十六年。后来世界经济不景气，华侨企业遭受严重打击，面对艰难境遇，陈嘉庚态度坚定地说：“宁可变卖大厦，也要支持厦大。”他把自己的三座大厦卖了，作为维持厦门大学的经费。

陈嘉庚在世时说，“国家之富强，全在于国民，国民之发展，全在于教育，教育是立国之本”。这是他的追求。当时的中国不自强，不发展，教育很落后，所以他做教育，建厦门大学是为了振兴国家、振兴民族，基于这个发心必须要做教育。

认知的高低产生了发心的有无。因为知道教育的重要性，所以把楼卖了都得办教育。在那个时代，中国办教育的不止陈嘉庚一人，像张伯苓、盛宣怀、马相伯都是办教育的人，他们也都是因为认知的高度，创办了很多我们熟悉的大学，新中国成立后的很多人才也都是在民国时期创办的那些大学培养出来的。教育是立国之本，国家富强从教育开始。

1980 年，已是香港知名亿万富翁的田家炳，将重心转移到教育慈善事业，而且他的财富几乎全都奉献给了教育。至今，田家炳在全国范围内累计捐助了大学 93 所、中学 166 所、小学 41 所、专业学校及幼儿园 19 所、乡村学校图书室 1700 余间。全国 34 个省（区、市），都有田家炳学院或田家炳中学。几乎每所师范大学，他都兴建了一所教育书院。几十年捐助教育事业，让田家炳被誉为“中国百校之父”。为了教育事业，他“卖屋助学”“贷款捐校”，书写中国教育史上的慈善奇迹。他没有自己的私家车，出门乘坐地铁，走路上下班；他没有高档的生活享受，一双鞋穿了十年，袜子补了又补，相当长一段时间内，每月生活开支仅3000元。

田家炳老先生说：“兴国之道在于人才，人才培育始于教育，中国的希望在教育。”所以，他宁可自己省吃俭用也要去办教育，他的认知和思想高度是发心的来源。

我们现在要做的不是简单地去复制他的故事，而是学习他的发心，要想学到首先就要达成和他一样高度的认知。发心的道理并不是很难，但背后真正的来龙去脉值得我们反复思考。一个人对现实的洞察、深刻的认知，坚决的挺身而出形成了他的发心。

分享这些案例，我们并不是只看一个故事，而是看他们认知的高度和对社会问题的分析，这个非常值得我们去借鉴和学习。

孟子曰：“先王有不忍人之心，斯有不忍人之政矣。”这个心就是发心的开端，有了这个不忍之心就会做那些不忍心的事、看不过去的事，就觉得这件事不管不行，必须得管才可以。

我再给大家讲一个我的好朋友的故事：

我的好朋友张银俊老师，青爱工程的创始人，我们是2021年8月25日经朋友介绍认识的，她就是一位怀有不忍人之心的人。正是不忍看到年轻女孩因不懂性健康教育和防艾教育而去伤害自己，甚至是放弃生命。为此，她放弃原来卫生系统干部的工作，成立了青爱工程，虽然整个创立过程无比困难与艰辛，但她毅然决然去做，并将全部精力投入此事。

目前青爱工程已经覆盖了27个省（区、市），涉及77个地市州。设立了56家基地工作站，援建了1188所青爱小屋。培训了12000多人次，资助了33000多人次。直接受益2600万人口，间接受益4亿多人口，遍布全国，还在发展。同时，2022年青爱工程提出的奋斗目标是：2030年在中国要消灭艾滋病。目前中国的青爱工程在全世界是领先的、领跑的，也是一个奇迹。

其实，青爱工程做的就是关系青少年命运的大事，与我自己的"心"是一致的，于是后续我们就进行了一系列的联系，包括给青爱工程捐款、彼此的支持交流等，2022年我正式与青爱工程达成合作关系，并在此机构任了职，一起为了青少年并肩作战。张银俊老师正是因为洞察到、关注到现实问题，为此下定决心，一生只为一件事，吃多少苦受多少累都心甘情愿，她的发心令人敬佩！

我现在做教育，很多人问我：柏映，你为什么做教育啊？做了这么多年，也不是很容易啊！但你还是很快乐、很坚定，从未改变过。不管吃什么苦，不管遇到什么坎坷，依然坚持着，这是为什么呢？

我来说说我选择做教育的原因，希望给你一些启发。2008年，我受朋友所托，利用假期办了一个中学生"弟子规"班，在班上孩子说"老师，你放弃我吧！我就是垃圾，早就是垃圾了！""老师，这六天是我十八年来最快乐的六天！"听到这些话我很心痛，也很心酸。

后来我又走进学校，同样看到了一系列刺痛人心的现象和举动，而这样的境况在我身边持续了三四年，最后我下定决心要办教育。

在办教育的过程中，我也看了很多资料，2014 年一篇文章上写道：支撑一个国家世界第一领跑能力的当然是实力。而无论是硬实力还是软实力的背后，不言而喻是人才。人才是由教育培养出来的。今日在校学生到 2049 年时将会成为中国社会的中坚力量。从这个角度省察中国今日的教育能否为此承担历史重任，是刻不容缓的战略思考。

一系列有关人才的报道，都带给我触动很大，让我知道了教育的重要性，也让我更加坚定做教育的发心。

钱学森之问：“为什么我们的学校总是培养不出杰出人才?”这一发自肺腑的深问，也重重叩击着我的心。

是啊，一个民族的命运是和教育息息相关的。未来的每一天，我也将固守自己的发心，坚持“传承中华文化，培养经世大才”的使命，持续而坚定地行走在教育这条道路上……

邓小平同志叮嘱我们：“一个十亿人口的大国，教育搞上去了，人才资源的巨大优势是任何国家都比不了的。有了人才优势，再加上先进的社会主义制度，我们的目标就有把握达到。我们要实现现代化，关键是科学技术要能上去。发展科学技术，不抓教育不行。改革经济体制，最重要的、我最关心的，是人才。改革科技体制，我最关心的，还是人才。现在小学一年级的娃娃，经过十几年的学校教育，将成为开创二十一世纪大业的生力军。”

邓小平同志在世时，我在读大学，可惜年少无知，对老一辈的嘱托和希望置若罔闻，到了现在的年纪，做教育了才真正明白这些话。截至目前学校办学当然还是有很多困难，我们也正在克服，但是我觉得再多的困难也大不过没有人才的困难，我们要调整教学体系，围绕目标而制定教学进程，为培养人才而开展教学活动。要解决，必须解决！

认知的高度达不到，发心就无法生起，如果我们找不到发心，就办不好教育。《大学》中讲道：

> 生财有大道，生之者众，食之者寡，为之者疾，用之者舒，则财恒足矣。

国家想要财富增加，有一个方法，就是创造财富的人要不断地增量。食之者寡，尽量减少社会的包袱，为之则疾，承担者要快速、要勤劳。消耗的量要缓慢、要节俭，这个国家就财恒足矣。

大学生，经过了这么多年国家的精心打造，应该属于“生之者众和为之者疾”，如果连大学生都变成食之者和用之者，这个社会再过十年、二十年将连续累加这种现象，未来令人担忧。

同样，很多做企业的朋友说做商业怎么也找不到发心、找不到商机。我在《使命与发心》里讲过这样一段话，请您仔细读一读：

> 机遇在哪里？机遇藏在问题里。许多亟待解决的社会问题：

教育、医疗、环境、食品、乡村振兴、养老、能源、电子……召唤着企业人大展身手，沧海弄潮。

真正有发心的人从社会问题中寻找商机，社会需要我做什么我就去做什么，而不是我想要做什么就做什么。发心不是一个想法，不是一个简单的梦想，发心的深层是认知的高度。

我曾送给我们学校的学生一句话就是“先天下之忧而忧”，这句话也是对发心来源的表述，学文化的少年要知道为国家担当、居安思危，忧患未来。欲明圣贤道先知圣贤心，《孝经》言：

仲尼居，曾子侍。子曰：“先王有至德要道，以顺天下，民用和睦，上下无怨。汝知之乎?”

治理国家社会，让百姓安居乐业。大道之心也，天下为公，是为大同。这是圣贤的心愿，要从这个心愿开始读起。所以我跟学生们说，要背《礼运大同篇》，读懂夫子的心，然后看《论语》《孝经》《春秋》，就能看明白。这样记住经典，开启智慧。

发心产生的前提是心性也要很高，发心是结果，现实问题是激起发心的缘，因在心性上，是内在的心性遇到缘后激发而产生了发心的结果，激发以后产生认知，心性认知在内在世界形成，因缘果也就形成了，这是发心产生的过程。如果内在心性不够，即使遇到这些缘也生不出发心。

人生最大的悲哀是无聊，患上漠不关心的冷淡症。有一次我们和一个做教育的朋友谈起某学校学生跳楼了，但这个朋友首先关心的是事故发生地，第一时间考虑的就是责任分属问题，而不是关心学生的真实情况。我感到非常痛心，我们如果对社会问题过于冷淡，心变得麻木了，是不会拥有发心的。

这种冷漠对社会伤害很大。有次我去南方讲学，那是一所农民子弟工学校，学校收的很多学生都是当地外来务工人员的孩子，学费很低。为了保证教学质量，我给那边学校的老师做过培训，老师们改变很大，孩子们为了感谢我在讲台前面表演唱歌，唱了一首又一首，用他们真挚的情感表达了对我的感谢，我很难忘。

我觉得这所学校办得很有价值，能让这些孩子受到很好的教育并走向社会，这是一件大好事。可是 2021 年我听说这所学校因为种种原因关掉了。我觉得关掉这所学校的人太冷漠了，孩子们没有学上，没有书读，而关掉学校的人还说着一些冠冕堂皇的话来掩盖事实。办学校应该是为社会培养人才，而不是仅为一己私利，这样是找不到发心的。

朱光潜先生在写给现代中国青年的一封信中说：

“以往我们青年的错误就在于，大家都只为个人打计算，全不替国家民族着想。我们忙着贪图个人生活的安定和舒适，不下功夫培养造福社会的能力，不能把自己所应该做的事做好，一味苟且敷衍，甚至用种种不正当的手段去求个人安富尊荣，钻营、欺诈、贪污，无所不至，这样一来，把社会弄得日渐腐败，国家弄得日渐贫弱。这是一条不能再走的死路。”

这就是为什么没有发心。如果我们意知不到这个问题有多严重，就不会有发心。如果知道了问题的严重性，不肯担当，也不会有发心。

教育办不好，办不好就办不好吧。漠然！

大学生不能就业，不能就业就不能就业吧。漠然！

地方经济落后，经济落后就落后吧。漠然！

没有发心，就会很漠然，犹豫不决，不够担当。如果大家互相鼓励、互相激励，人多就有力量，边做边探索，实践出真知。在这个过程中一定会有困难，但有困难不怕，怕的是如果不做有的就是危机。所以在危机和困难面前，你要选哪一个？要培养造福社会的能力，从老师做起，从父母做起，从我们这些企业家做起。

第三节

正确的发心来自较高的心性

发心产生的前提是心性也要很高，发心是结果，激起发心的是现实问题，根本原因在心性上，内在的心性遇到现实问题后产生了正确的认知，从而形成发心这一结果。如果心性不够，即使遇到再多现实问题也生不出发心。

曾国藩说："天下事，在局外呐喊议论，总是无益，必须躬身入局，挺膺负责，乃有成事之可冀。"中国的富强只能靠自己，要想靠自己，人人都要入局。他的人生格言：挺身而出，挺住。遇到问题首先就要挺身而出，然后就是挺住。他为此专门写了一部《挺经》，我建议大家看一看。

曾国藩一生吃了很多苦，六次落榜，屡战屡败，但他都挺过来了。他到底为了什么？为文化，为国家，为百姓！他做这些事是有原因的，不是无缘无故的，他不是一个莽汉，更不是一个简单的勇士。我去过他的家乡，看过他的后人，那是一个很有文化的家族，既有家风又有家道，很是令人赞叹！"挺身而出""挺住"正是他发心的兑现。

所以为什么找不到发心？心性不够就找不到发心。就像今天很多学生为什么到了初中、高中、大学仍然没有志向，就是因为心性不够。这是内在原因，外在原因是什么？没有观察社会，与社会脱节，不了解国家动态，不知道上一代人承担了多大的压力，更不知道老一代人付出了多大的代价和牺牲，只是每天沉浸在小资生活中，做着一些不成熟的事情。不成熟的孩子是不会有发心的，是不会有理想的。所以发心属于一个成熟的人，属于对生命有思考的人。

发心不是一个小资追求，它是要有道义和担当的，正如古人所言："志心于道德者，功名不足以累其心；志心于功名者，富贵不足以累其心。"这是告诉我们活着要追求什么？若只求富贵，发心不够大。发心至少要在功名和道义之上才行，只有在那个层面上才会产生正确的发心。也就是人生的追求有三个层面：道义、功名和富贵。一般人看的都是富贵层面，这在发心上会出现不足。做企业的朋友们，我鼓励企业赚钱，也鼓励企业盈利发展，但如果企业想拥有真正的大发心，建议大家向道义和功名层面上去寻求。

道义是什么？是求道，求对社会的担当、责任、道义。

功名是什么？是对社会的贡献、功勋，"名"是名望。

富贵只是基础，可以有，但不要做最高标准。所以起步要高高山顶立。当你执心于道义的时候，功名不足累其心，你从不把功名放在心上。当你的理想追求是在功名之上的时候，你才会拥有真正的发心，这就是心性的差别。

所以，发心的生命内涵是什么？对外，它是对社会的洞察和贡献；对内，它是在问我们这样两个问题：

1. 你想成为什么样的人？

2. 你想度过怎样的人生？

曾国藩有曾国藩的人生，南怀瑾先生有南怀瑾先生的人生，他们有自己的人生追求，他们最后的人生呈现就是这两个问题的答案，这也是发心的深刻内涵，更是现代人需要去思考的。所以，我们要多看书、多读读历史，从书中、历史中进行自我对照与借鉴。并在“人这一生应该追求什么？”这个问题上反复追问和思考，从而找到自己的发心，立下更高的志向。

我曾写过这样一段话：当我们还不清楚此生的方向时，时间肯定被虚度了，或放逸，或小资，或逃避，或从众，或孤芳自赏，或自灌鸡汤，或迷恋于几声赞美，或愤恨于几句诽谤，或在所谓的事业路上狂奔，或于低俗的欲望海里沉沦。如果不清楚人生方向，只能这样去混日子，不知所终，一生虚度。

李大钊的《志成学子之歌》中有这样一段话：“你有能力时，决心做大事，没有能力时，快乐做小事。”

人生最惶恐的就是今日无所作为或所做之事毫无意义。我们已经解决了生存问题，再往前走容易变成欲望，容易去追求一些更大、更不切实际的东西了。如果能力很强，就决心做大事，大事不是简单的富贵，大事是贡献；如果能力不足，就把小事做好，这都是发心。所以发心不仅指向社会与国家，更指向我们自己的人生问题。

发心，对外是你的事业追求；对内是你的人生追求。一个真实的发心就是人生的觉醒，希望从这里开始，我们能够逐步觉醒起来。这代人觉醒了，下一代人就会觉醒过来。当我们觉醒以后，整个人生从此就会大不一样：我们会明白这一生要做什么，这一生要追求什么，这辈子怎么度过，怎么为国家，怎么为社会，怎么为自己。若我们所做之事既能为社会做贡献，也能安慰自己的人生，同时我们也是心安的、快乐的，感觉问心无愧，那我们就大胆勇敢去做！

所以，通过前面的论述我们就知道如何找到发心了，它需要三个条件：

第一，我们必须要不断提高心性；

第二，一定要去关注社会问题；

第三，要深入思考自己的人生，即要有正确的认知。

当这三者汇在一起的时候才能找到这颗发心。心性在不断提高，当看到社会问题后能积极去担当、去解决，不断做出正确的抉择，而这从深层看是对自己人生有了深入的思考。反之，这三点都不具备，发心就生发不出来。

因此，发心能开启有意义的人生，它不是一件小事，是一件扭转命运的特别重大的事情。当我们真正获得以后，以后的人生之路会更容易走，即使遇到困难也阻挡不了前进的步伐。这也就是说，人生不在于顺逆，而在于你是否有正确的方向。

坚守梦想，可能会有点苦。可是去看看那些每天百无聊赖的人，就知道你有多幸福了，因为坚守梦想是一种幸福。有梦想的人生是充实的，哪怕遇到很多困难，这些都是经历、都是财富、都是人生的故事，波澜壮阔才值得回忆。做一些真正有价值的事情，对得起国家，也对得起自己，这样才能不辜负这一生。所以在我个人看来，什么是幸福人生？找到发心，坚守发心，那便是幸福人生。

从此，你开启了真正的幸福人生，高规格的幸福人生。你开始觉醒了、觉悟了，你每天都是幸福的，都是充实的。你会用它去披荆斩棘，乘风破浪。你的事业可能会成功，也可能会发展平缓，但你一定在成长。你的人生每一年都会不一样，你会为自己每一年的成长变化而感到惊喜。随着岁月的流逝，心变得越发睿智了、成熟了、饱满了，你自己也变得越来越有担当，整个景象一片向好！

第六章

如何守护与运用发心

第一节

守护发心，要不断提高自己的心性

守住发心，就等于守住我们一生的命运，一生的梦想，一生的价值。所以发心，它不是一件小事，也不是说一个人的人品、修养问题，它和整个人生的生命质量息息相关。

一个人，在很高的心性基础上产生了对现实的洞察，洞察到了危机，洞察到了社会问题，基于对这些问题的担当和持有的正见，而确立了发心，这就是一个正确发心诞生的整个始末。

发心，是对现实问题的洞察，那为什么我们洞察力不够？这可能是心性问题，也可能是知见问题。也就是说，我们的心性是否在那个层面？我们知见的高度够没够？如果这两个不够的话，即使问题发生在眼前，可能我们也不知道，也无从说起。

今天，我们围绕《使命与发心》中的第七讲到第九讲——发心中的有与空、如何检视发心、如何养护发心进行补充讲解。前人说："不忘初心，方得始终。初心易得，始终难守。"如果不忘记初心的话，最终就能够达成我们生命的圆满和事业的巅峰。初心容易得到，可是能够自始至终去坚守吗？很难！我们很多人都有过豪言壮语、豪情壮志；有过青春梦想、美好理想，可是走着走着就没了、忘了、偏了、丢了。能够做到用一生去恪守一个诺言，用一生去坚守一件事，这样的人也是到少之又少，而但凡能做到的人，这一生也将非同寻常。面对现实的种种考验，我们该思考如何守护自己的发心了。

我们知道，如果能守住发心，就等于守住我们一生的命运，一生的梦想，一生的价值。所以发心，它不是一件小事，也不是说一个人的人品、修养问题，它和整个人生的生命质量息息相关。那到底怎么守护呢？我们先来看看发心是怎么得到的。

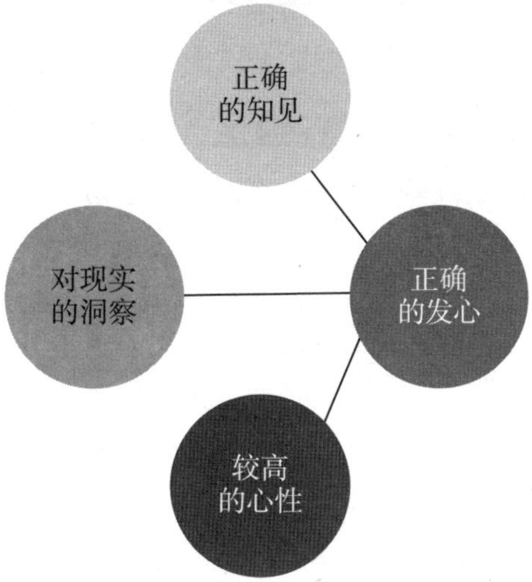

这是正确发心得到的一个基本过程。它首先基于的第一个条件是心性。如果一个人的心性不够的话是没有机会谈发心的，当整个心性达到很高的境界以后，外在遇到一个现实问题，再加上持有的正确知见，三者相结合的时候，就产生了一个为社会挺身而出的发心。所以，发心的产生既有内因，也有外缘，是内心和外缘相结合的结果。

电影《湘江北去》里的主人公——我们非常敬爱的伟大领袖毛主席，他曾经的理想是当一名教书先生，一个能回答学生任何问题的教书先生。可是残酷的现实，一次次唤醒、刺激着他那颗伟大而仁爱的心灵，最终毛主席投笔从戎，走上“救国存亡、建立新中国”的道路。

当袁隆平看到有人因饥饿致死时，他的梦想和发心出现了——让中国人吃饱饭；当特蕾莎修女看到校外的穷人时，她突然明白了：原来我这一生是要为穷人而战斗的；当证严上人遇到患病中的妇女时，她突然想到要为她们建一所医院。

我们发现这就是发心的内因和外缘，如果只看外缘，这种外缘其实很多人都经历过。在那个时代，很多人看到过因为饥饿致死的人，很多人看到过穷人，也有很多人看到过患病不能得到及时救治的妇女。那为什么这么多人都没有因此而建立发心呢，这和什么相关？心性！心性就是内因。

就像我们以前举的例子，鸡蛋为什么可以孵出小鸡来？内在它是一个鸡蛋，外在得有合适的温度，有内因和外缘才行。如果是一块石头，即使温度再好，也孵不出小鸡来。道理是一样的，对于内在这个心性，必须有足够的能量和高度的时候，才可能产生这样的发心。

不断提高自己的心性，这是一个人能够找到发心、产生发心的一个持续的、长期的动作。所谓提高心性，重点是培养心性两个指标：仁爱和智慧，也就是培养心性中的仁爱和智慧。

那么把仁爱展现出来，都是什么呢？我们的感动，我们的情意，我们的福德，我们的梦想，我们的担当，我们的幸福感，这些都是由仁爱兑现出来的。其实在生活中处处展现了仁爱：我们经常被别人感动，也经常感动别人，我们对亲人有情有义，亲人对我们也关心有佳……

有了仁爱以后，这个人每天都为别人着想，福气和德行自然会增加，久而久之，就变成了一个梦想，梦想一实践，就变成了担当，最终会实现幸福美好的生活。好多人问：为什么找不到幸福的感觉了？这时，你可以问问自己是不是一个有情有义的人。其实，当情意兑现的那一瞬间，我们的内心就是非常幸福的。

那如何培养我们的仁爱心？一是断一切恶，断掉一切自私的想法、做法；二是行一切善，做一切利他之事。所以仁爱心的培养关键是，一个人能坚持不停地去断一切恶，行一切善。

很多时候，我们的生活是庸庸碌碌、随波逐流的，善事也做了几件，但是不够；恶语恶言也有，断得不干净。所以，我们呈现出来的生活就很平庸，也不够果决，这就使得我们的仁爱心不足、不够。为什么很多人的仁爱之心就是培养不起来？应是在年少的时候，大量时间被学习、辅导课程等给占用了，没有时间去行善、去断恶，甚至这个恶还被成绩等光环给包庇、掩盖了。进入成年世界后，为了生存，也顾不上这事儿了，每天只是看生存目标，挣多少钱，在哪里工作，根本来不及细想工作和仁爱心的关联。成年人基本被生存给裹挟住了，好不容易过了生存关，手里有了钱，又发现社会世道发生了变化，于是接着开始新一轮的随波逐流。所以就没有时间和心思去培养自己的仁爱心了。

而提高心性不是三两天就可以实现的事，它需要一个长期的力行过程，所以我们设计了一整套的力行系统，参与人员通过持续的每日力行打卡来断恶、行善，即断十恶、行四善。只要坚持不懈，一年下来，心性会发生很大变化，梦想也许已经找到，奋斗方向也可能更加明确了。这就是行法的威力所在，也正如古人所说："教浅意深，行为最胜。"

另外，针对"断恶行善"的一般途径与方法，小学生可以参照《弟子规》这本书，以此为模板力行实践；大人可以参照《了凡四训》。而关键就是去做，做了才会有，做了才会得，得了仁爱心才会提升。

培养我们的智慧，可以让我们变得更有正见，帮助我们建立正确的思维方式，让我们不断走向无我，进而让我们的内心始终保持清静与自在，最终获得我们的幸福。

那么怎么培养这些智慧呢？《能断金刚》中的一段话给了我们明确的答案："灵思泉涌是保持完全的宁静、接受伟大思想家的精神与思想，以及愿意服务周遭人物所种下铭印（因）的结果。"灵思泉涌就是智慧开启了，需要三个因：保持完全的宁静，接受伟大思想家的精神与思想，愿意服务周遭人物。而这三者运用到生活实践中就是：第一，保持宁静的心灵，要定期静坐静心，让心安静下来；第二，一定要学习圣贤的思想，要多读圣贤书，不可乱读；第三，积极地服务他人，把服务他人作为自己的一项常态化工作。提升智慧的这三种方法，其实并不难，关键是要去做。因为有耕耘才会有收获，有付出才会有回报，有行动才会有结果。

环境是心灵的魔法师，提高心性需要培养仁爱和智慧这两大指标，而环境是影响这两大指标提升高低的重要因素。每一个人都会随着环境的变化而变化，所以如何创造出让自己持续提高心性的外在世界环境是人生的一大学问。我们经常为环境所拖拽、所强迫、所推动，如果在正确的环境中，每天你都会自动地去断恶、行善，自觉地去读书学习、服务他人；如果在污浊的环境下，每天你既不能断恶、行善，也不能读书学习、服务他人，更不要说保持宁静的心了。

所以，要提高心性，一定要想办法为自己创造出能提高心性的环境。鱼儿回到水里，自然就想游泳；雄鹰回到山巅，自然就想高飞。

所以，改变自己心性最简单有效的方法就是改变自己外在的境缘。

所以，大学生毕业时，尽量选择能为员工提供成长环境的企业工作，因为它会告诉你该做什么，不该做什么。成年人如果想保护自己，首先也要从选择、创造环境开始，自己帮助自己，时时努力，日日进步。因为人生需要给自己套上成长的“枷锁”。同时，我们也要用事业来逼迫自己，不断在事业的担当中成长自己，进而增长智慧与仁爱，这就是我们做事业的真正秘密。

这时，有朋友会问："我是一家企业的董事长该怎么办？"把你的企业改造成一家既能够提高自己心性又能够提高员工心性的企业。因此，需要对企业进行重新梳理，具体如下：

1. 企业是不是在行善的路上？有没有去断一切恶？

2. 员工有没有定期去读圣哲的书？

3. 员工有没有去参与社会的公益事业？

4. 员工有没有定期服务他人和客户？

5. 员工有没有静心、交流的时间？

如果你从事的是文化产业，就更应在这方面加力了。因为文化产业更看智慧，我们是否把提高自己的智慧，当作一件大事来抓。如果觉得自己读书坚持不了，那就可以搞一个读书计划、读书比赛或读书演讲。

企业员工的背后是一个个家庭，家庭教育对于企业来说也极为重要。接下来谈谈如何提高小孩子的心性。谈这个问题的前提是你要重视孩子的心性成长。我们来看一幅图。

孩子心性成长到最后，有一项指标，就是立志的出现。那它源于哪里？源于本有的、内在的一颗心——本善之心，也叫智慧之心。每一个孩子天生带着善良和智慧而来，若想让孩子的善良与智慧充分展现出来，我们就需要好好地去研究他们的成长环境。从每天的所听、所唱、所学到所思、所读、所写，再到所言、所行、所见，都要保证这一切和心性里的仁爱与智慧是对应的。所

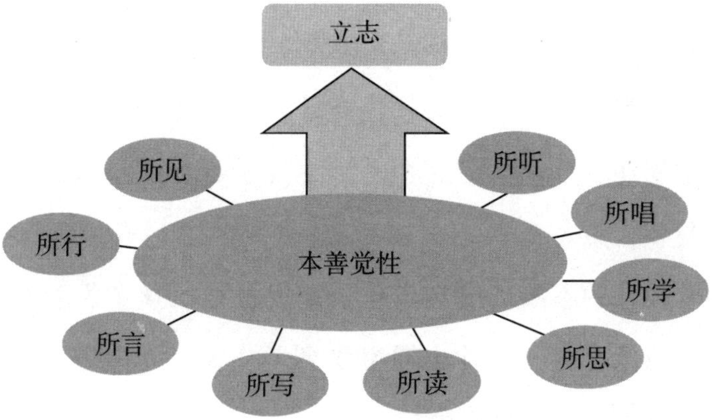

以，小孩子每日的学习、见闻与行动等都不能是无缘无故的，也不能是随机的，一定要以提高心性为核心目标。而提高心性的入手处，就是我们教育所做的一切行为。这个方法同样也适合于企业。

所以，教育和管理首先是一种设计，设计是一种理论，理论明白了再去设计教育和管理，教育和管理设计好了，心性自然就提高了。注意，一定要先明白教育和管理的理论，否则这个设计就很容易出问题。

“志不立，天下无可成之事”，志向立不起来，后面的路会越走越难，上了大学也很容易蹉跎岁月，即使读了研还是没有方向。所以，作为父母一定要把家庭教育设计好，具体怎么设计呢？第一，父母要充满爱心地陪伴孩子，每一个孩子都需要爱；第二，让孩子道法自然地成长，不要违背生命的成长规律，不要拔苗，也不要压制；第三，与生命本体相应的学习。

充满爱心的陪伴，就是父母要为孩子创造一个和谐的家庭环境；自然的成长，就是不要让孩子做超越这个年龄段的事情，让孩子要有孩子的样子。小孩子喜欢玩，喜欢躺在草地看蓝天，喜欢玩沙子，都很正常。他必须这样才行，若孩子不像孩子了，心性一定是受伤了。那么在这个基础上要学习什么？和社会本体相应的仁爱和智慧。

随着教育的不断推进与熏化，我发现很多孩子学着学着好像就没有智慧了，孩子心性也慢慢受到了伤害，走向愚痴，什么原因呢？有以下几个常见原因：

第一，没有传道的教学。一味地教知识，没有传道，就不能开启智慧。

第二，追逐虚妄的“梦想”。不切实际的梦想，不是基于正确发心的梦想，都会导致孩子走向愚痴，一定要小心。

第三，太多与生命不相关的学习。逼着孩子去读一些没有意义的文章，说一些没有思想的话，思考一些不符合真理的问题，渐渐远离生活实践，在不知不觉中把孩子给带偏了。

第四，总是标准化答案，不能在变化中去探求事物的规律。很多事物都标准化了，人们没有一个变化的可能性，长此以往，孩子的智慧就开发不出来了。因为只有在变化中探求规律时，才会不断生发智慧。

第五，思想被禁锢，只是在背诵，没有真正对事物的如是探求。只是在背诵层面，不能往里深扎，不会去问为什么，不能回到事物的本源进行探索，学生的整个思想与格局被大大限制了。这种被禁锢的思想会耽误孩子智慧的开启。

第六，只是被动接受，不去思考为什么。老师在灌，学生在听，“填鸭式”教育。学生没有时间和精力思考为什么，只是被动地背诵记忆，考试答题，久而久之，孩子们在“为什么”这三个字上就越来越淡了，也不再愿意去思考。这些对孩子整个智慧的开启是有很大影响的。

这些问题同样适合于企业教育。

第二节

守护发心，要不断创造接触大众的机缘

密切联系群众，为人民服务是一种高尚的活法，是一种生命的成长阶梯。它不是一个口号，更不是道德绑架；它是一种价值，更是一种幸福。

心性提升以后，怎么能够因为缘的到来而产生发心呢？就是你要和大众在一起，与大众接触，去服务大众。也就是过去我们经常说的，密切联系群众，理论联系实践。

寒假的时候，我们组织学生进行了一次社会调研。几个社团的学生走访了很多中学生、大学生，和他们进行了深入的交流，探讨理想、德智体、人生观、读书的意义、现实的烦恼与困境等方面的内容，回校后写成调研报告。我看后触动很大，更让人高兴的是学生们因为这次调研长大了、成熟了。像有的学生立志将来从事教育，调研归来后，变得更加坚定。他说："我看到太多的学生需要接受好的教育。青春年少，却不幸福；风华正茂，却没有朝气；每天付出很辛苦，却看不到曙光。而且很多学生似乎都有心理疾病，也感到不幸福。所以，我一定要做一名优秀的人民教师。"学生们在整个社会调研中收获很大，纷纷找到了自己的理想，也更加明确了自己的奋斗方向。

只有接触社会，看到社会问题，只有做到"家事国事天下事，事事关心”，才可能找到自己想做的事情。作为家长，也要密切接触社会，这样才能帮助孩子确定好人生方向，树立正确的理想。社会问题就是机遇，社会上那些亟待解决问题的领域，就是孩子们的立志之处，就是企业的发展机遇。小资者无大志，放逸者无发心。想守护发心，一定要注意和大众在一起，要积极为他们服务。

我们来看一首歌——《不知该怎么称呼你》

不知该怎么称呼你，你千里万里来到苗寨里；
不知该怎么称呼你，你风里雨里走进我家里。
摸铺盖，看米缸，一条松木板凳连着我和你。
我在你心里，你在我心里，
你爱我们老百姓，我们老百姓深深地爱你。
不知该怎么称呼你，你把我的手握在手心里；
不知该怎么称呼你，你把我的事装进你心里。

拉家常，细叮咛，一句精准扶贫暖透我心里。

我在你心里，你在我心里，

你爱我们老百姓，我们老百姓深深地爱你。

这样的干部，我们党的好干部、好领袖，百姓为什么爱他？他的人生在追求什么？为什么会过得这么有价值、有意义？他们和百姓在一起，和人民在一起。在“全心全意为人民服务”中，找到自己的发心，活出人生的精彩。

正是在一次次服务大众中，在不断地密切联系群众中，我们成长了、成熟了，心性提升了，对生命开始深入思考了。我们离不开大众，就像树离不开泥土一样，就像黄河离不开雪山一样，我们服务的群众越多，变化就越大。当脱离他们时，当心里没有他们时，当只活在自我世界里时，人生就会枯萎、凋零、迷茫；当看到他们时，当心里想着他们时，当活在为他人服务中时，人生就找到了前行的动力、找到了存在的价值、找到了追求的方向。

古往今来，莫不如此。从日本的稻盛和夫先生到中国的企业家，从古代的圣贤到今天的中国建设者，都是如此。此中有道、此中有得、此中有人生，关键是问一句：你愿不愿意这样去做？若你真正去尝试了，就会知道这就是人生的大智慧。

所以，密切联系群众，为人民服务是一种高尚的活法，是一种生命的成长阶梯。它不是一个口号，更不是道德绑架；它是一种价值，更是一种幸福。只有那些觉悟并行动起来的人，才知道它对自己的真正意义。

第三节

守护发心，要不断用正确的思想指导自己的人生

基于世俗的思想，追求的是富贵；基于历史的思想，追求的是功名；基于生命的思想，追求的是真理。

正确的发心是对一个人生命蓝图的完整设计，是对一个人有价值人生的有效规划。如果我们对人生做过深入思考，并终于想明白该如何度过时，那时候发心自然就稳固了。

发心为什么不是一个简单的、善良的想法？因为一个善良的想法，你可以做，也可以不做，遇到困难时也可以放弃。可人生能放弃吗？不能。其实，我们在利益他人时也成就了我们自己的人生，我们把这两件事合起来用一个词概括，就叫发心。而每个人因为人生思维不同，所以追求的也不一样，这样发心就不同了。同时，每个人都以自己的思想高度守望着自己的人生目标。不同的思想必然对应着不一样的人生追求，表面看是追求不同，深层是什么不同？是思想，再深了就是心性的差别。

基于世俗的思想，追求的是富贵；基于历史的思想，追求的是功名；基于生命的思想，追求的是真理。为什么追求不同？因为思想不一样。“其知弥精，其所取弥精；其知弥粗，其所取弥粗。”你所知道的越精湛，你所追求的越精美；你所知道的越粗鄙，你所追求的越粗陋。这个在古代有一个故事典故：

宋之野人耕而得玉，献之司城子罕，子罕不受。野人请曰："此野人之宝也，愿相国为之赐而受之也。"子罕曰："子以玉为宝，我以不受为宝。"故宋国之长者曰："子罕非无宝也，所宝者异也。"今以百金与抟黍示儿子，儿子必取抟黍矣；以和氏之璧与百金以示鄙人，鄙人必取百金矣；以和氏之璧、道德之至言以示贤者，贤者必取至言矣。其知弥精，其所取弥精；其知弥粗，其所取弥粗。

这个故事告诉我们：一个人的思想在不断前进的过程中，追求也会不断发生变化。只有拥有思想的沉淀，人生才能获得一个正确的追求。

人生好像是追求的差别，其实深层是思想的差别。而思想可以通过学习来补充、来提高、来改变。所以要想改变一个人的追求首先改变他的思想。也正如《学记》里讲的："虽有嘉肴，弗食，不知其旨也；虽有至道，弗学，不知其善也。是故学然后知不足，教然后知困。知不足，然后能自反也；知困，然后能自强也。”即使有美味的菜肴，不去品尝，就不知道它味道的甘美；即使有最好的道理，不去学习，就不知道它的好处。学习之后才知道自己的不足，教人之后才知道自己理解不了的地方。知道自己的不足，然后才能自我反省；知道自己不懂的地方，然后才能勉励自己。因为人生方向的正确性必须通过不断学习新思想才能获得，而文化思想的厚度决定人生的高度。

总之，从因上要提高心性；从缘上要不断地去接触大众，为大众服务；从知见上要提升我们对人生的认知高度。从此三方面来保护好我们的发心、守住我们的发心。

第四节

如何运用自己的发心成就一番事业

借鉴『经营十二条』，运用战略思维寻找可能性，开启内在智慧，获得外在助缘，然后去直面困难并把困难解决掉，这样我们就可以用发心成就自己的一番事业。

发心守护好了，接下来要做事了。那如何运用发心成就一番事业呢？我们来详细看一下。

一、借鉴稻盛和夫先生的“经营十二条”

稻盛和夫先生写的《经营十二条》就是发心成就事业的一个完整模板，非常标准。注意看，这十二个步骤是在有发心的基础上才能够如期兑现的，如果没有发心，十二个步骤也执行不了。“经营十二条”的内容如下：

第一条，明确事业的目的与意义；

第二条，设立具体的目标；

第三条，胸中怀有强烈的愿望；

第四条，付出不亚于任何人的努力；

第五条，销售最大化、经费最小化；

第六条，定价即经营；

第七条，经营取决于坚强的意志；

第八条，燃烧的斗魂；

第九条，临事有勇；

第十条，不断从事创造性的工作；

第十一条，以关怀之心、诚实处事；

第十二条，保持乐观向上的态度，抱着梦想和希望，以坦诚之心处事。

仔细看这十二条内容，你会发现，其实可以将“经营十二条”分为四个部分进行解读分析。第一部分包括：第一条明确事业的目的与意义；第三条胸中怀有强烈的愿望；第四条付出不亚于任何人的努力。

这实际就是告诉我们做事业要先确立发心，明确事业的使命，而强烈的愿望就是发心。付出不亚于任何人的努力，这可以证明确实有发心了，所以从一个人努力的程度就能看出他是否有发心。

第二部分包括：第二条设立具体的目标；第五条销售最大化、经费最小化；第六条，定价即经营。这是发心在实践中的三个方法，其中最关键的是设立具体的目标。书中说：“设立具体的目标，所设目标随时与员工共有。用具体的数字明确地表述目标。不光是销售额，包括利润，都要建立明确的目标，并用数字具体地表示，而且这种目标在空间和时间上都必须明确。

所谓空间上明确，是分解到各个部门的详细资料，现场最小的组织单位也必须有明确的数字目标。再进一步，每一个基层员工都要有明确的指针和具体的目标。

所谓时间上明确，即不仅设定年度目标，而且要设定月度目标。月度目标明确了，每个人就能看出自己每一天的目标。员工们明白自己每一天的任务，完成这些任务，就必须设定明确的目标。

每位员工努力完成任务，各个部门就能达成目标，公司整体目标也自然能够达成；每天的目标达成，积累起来，月度、年度的经营目标也自然达成了。

目标明确，就可与员工共有。如果目标不明，即经营者不能指明公司的前进方向，员工就会无所适从，或各行其是，行动方向混乱，结果力量分散，组织的合力就无从发挥。

不严肃的、无把握兑现的计划，以不建为好。员工见多了这样的计划，会产生‘反正完不成也没关系’的想法，甚至漠视计划。

以今天一天的勤奋，完成今天的任务，就能看清明天；以今月一月的勤奋，完成今月的任务，就能看清下月；以今年一年的勤奋，完成今年的任务，就能看清明年。

日复一日，着着实实达成每一天的目标，至关重要。重要的是目标是不是明确。”

发心怎么兑现？就是日复一日，着着实实地达成每一天的目标。这就是发心特别明显的一个兑现，也是发心的落实版。

第三部分包括：第七条经营取决于坚强的意志；第八条燃烧的斗魂；第九条临事有勇。这三条讲的是意志，发心显现在意志当中。发心中带着方法，带着意志，有发心的人必然有这样坚强的意志。苏轼说：“古今立大事者，不惟有超世之才，亦必有坚忍不拔之志。”古往今来，那些凡事做大事的人，不仅有超世的才能，更主要有坚韧不拔的意志。所以当遇到困难时，大家要经常去看看这三条。

第四部分包括：第十条不断从事创造性的工作；第十一条以关怀之心、诚实处事；第十二条保持乐观向上的态度，抱着梦想和希望，以坦诚之心处事。这是一个人拥有发心之后的一种有素养的体现。每天能保持这样的一种习惯、一种状态，去创新工作、关心他人，能乐观向上、坦诚以待，养成这样的素养，这些都是发心的本身显现。

这十二条连起来，就是用发心做事的一个完整过程。

二、开启运用内在智慧

稻盛和夫先生在《活法》一书中提到开启运用内在智慧的方法：“怀抱善念 + 拼命努力”，即“良知 + 勤奋”。如果你怀抱善念拼命努力，就会发现你的灵感越来越多，你会找出一条路来，会意外发现很多你想不到的思路与空间。

在做教育的六年时间里，我的这种感触特别深。一开始做教育的时候，对教育所知甚少，但是由于很热爱这个行业，所以就积极去探索，冥思苦想人才培养的方法。日复一日，年复一年，思想越积累越多，而且每一年都会出现新思想，有时一些思想都能感动到我们，时时有喜出望外的感觉，不断助力着我们行走在教育这条路上。这就是守护良知，勤奋用功，不断地、创造性地努力工作所带来的，这才是开启智慧的真正法宝。

三、运用战略思维寻找可能性

发心指向一个目标，这个目标怎么能实现呢？这时要使用战略思维。《道德经》中说："图难于其易，为大于其细。天下难事，必作于易；天下大事，必作于细。"想把一件难事做出来，从容易处下手；想把一件大事做出来，从细小处下手。这就是"战略思维"。

我们来看一个实例：用一根头发丝拖动一艘万吨巨轮，大家觉得可行吗？如果直接看，觉得这个不可能。万吨巨轮，推都推不动，用头发丝能拖动吗？表面看是不可能的，但用战略思维看，它就有可能，怎么可能？我们用战略思维来论述：

第一步，用一根头发丝拉动一根绒线绳；

第二步，用一根绒线绳拉动一根麻线绳；

第三步，用一根麻线绳拉动一根缆绳；

第四步，用一根缆绳拉动一根钢丝绳；

第五步，用一根钢丝绳形成一个系列的完整的钢丝绳组合，来拉动这艘巨轮，大家看有没有可能了？有可能！

就这么一个过程，你要知道它的每一步怎么操作，怎么从易到难，从细到大，它是可行的，就要找到每一个可行的关键点，这样觉得不可行的事就变得可行了。若每一步都可行，这件事就是可行的，而制定出的每一步，就叫战略思维。积小胜成大胜，以小的可行来完成大的坚定任务。发心代表着一个伟大的、想要实现的目标，当感觉自己力不从心时，就要想到战略思维。战略思维加时间，五年不行十年，十年不行二十年，持续发力，一步步进行改善，从小到大，从易到难，最终这件事就做成了。战略思维就是思路，战略思维是用发心成就事业的做事思维。所以发心之后，一定要启动你的战略思维。

每当遇到困难时首先思考，思考其无限可能性，建立无限可能性思维，不要被困难绊住前进的脚步。真正有发心的人，总是这样思考问题的。

假如一个人现在身无分文，三年时间让他筹资 100 万元，有没有可能？有可能！其实，很多事物都是有可能的，所以你想做事，就要寻找事物那个可能性，从可能性中找到整体设计方案，然后从细处着手，进而成大事。就像前面我们提到的，一根头发丝通过有效的分步骤，最终就有可能拖动一艘巨轮。同样的道理，一个人完全可以用三年时间，分步骤实现 100 万元的筹集。

有发心的人，每当遇事时，不是说不可能，而是说怎么有可能；不是说如果，而是说如何。他们会经常在如何中探讨可能性，也会去那些成功经验中寻找可能性，会积极去找寻源头、去追问、去参悟，而不是坐等或干脆投降，总是全力去思考如何。往往很多时候我们自己给自己思想设限了，我们没有坐下来探讨如何，没有坐下来思考事物的可能性，而是老想着走捷径，老想着一帆风顺就把事业做成，老想不劳而获，这些都不符合发心。所以，拥有发心的人，凡事必想可能性。

中国共产党从上海一大就开始不断创造可能性，正是在这一个又一个可能性中找寻到一条革命之路，从陕北到西柏坡，从东北到海南，从没有一枪一炮到百万雄师，再到后来的抗美援朝……把可能性用到极致，这是一个民族真正的英雄气概与智慧的显现，是由发心而绽放出来的。

大家注意看，有发心的人思考问题时总是在反复思考可能性，反复思考怎么去坚定执行，怎么把事情给解决了。我们可以把这个称作“紧盯目标找方法”。通过实践与练习，最后把解决问题的能力锻炼出来了。而目标从哪里来？从发心来。所以，从发心到目标，从目标到可能性，从可能性到方案，从方案到方法，再到执行，这样一连串下来，一件本来不可能的事情最终实现了。

所以不要说困难，要回到发心，想怎么解决。孙中山先生在《建国方略·自序》里谈道：“吾心信其可行，则移山填海之难，终有成功之日；吾心信其不可行，则反掌折枝之易，亦无收效之期也。”辛亥革命成功了，新中国成立了，中国人民也富起来了，我们在发心的推动下，正在创造一个又一个人间奇迹！要信其可行，必有成功之日！

四、获得外在助缘

在做事的过程中如何获得关键助缘呢？也就是说，当我们拥有了正确的发心，想用一辈子去做一件事时，是还需要他人助缘的，这种助缘怎么出现呢？助缘的出现就依靠两个基本条件，一个是福德，另一个是愿力。福德多，帮你的人一定会很多；愿力很大，愿能生缘，助缘也会不少。这是做事之人很重要的两个内在条件。

当助缘出现了，贵人缘就出现了，机会缘也会随之出现。我们做事需要贵人，需要机会，需要很多人给我们提供思路、提供资源、提供方法、提供指导，我们自己孤军奋战是不容易把事情完成的。因为种子再厉害，没有水、阳光，也长不成参天大树。所以想用发心做成事，要勤修福德，要坚固愿力，然后缘就不断地出现……当众缘汇合的时候，这件事就容易做成了。

带着发心的人修福德要成为一个常态化。你总能成为别人的贵人，那么当你遇到困难时，你的贵人就会来到。你总在帮助别人，那么当你需要帮助时，自然就有人帮你。养成修福德的习惯，它不仅是素养，更是一个做事人的修养，这样你在遇事的时候，善缘才能纷至，善缘纷至事可成！

做事情还会遇到困难，即使有助缘也还会遇到困难，那怎么办？这时，请大家记住一个道理：困难和机遇永远是硬币的两面。也就是说，困难后面一定藏着机遇！当困难来了，如果发心是对的，困难就是机遇；如果发心是错的，困难就是警醒，要注意收手。所以，困难来之前一定要先看发心，根据发心的正确与否，决定是否一定要坚持。

困难，它就是一份试卷，这份试卷怎么来回答？用发心来回答，正确发心坚持不动，困难早晚能顶过去。因为你会不断地积蓄力量、积蓄善缘、开启你的智慧，去全力应对这个困难。当有一天，困难度过去的时候，就是你越来越坚强的时候，就是离目标越来越近的时候。

困难出现，我们不要把精力浪费在情绪、沮丧、自我嘲讽、自我贬低、自我否定中，这些都没有任何意义，这些也不是从正确发心中流淌出来的。真正有发心的人，没有工夫胡思乱想，没有时间沮丧，也没有时间忧愁，更没有时间进行自我否定。如果出现种种没有意义的行为与举动，那说明你的发心不纯、发心不坚、发心不明，是发心需要重新淬炼的时候了。

总之，借鉴“经营十二条”，运用战略思维寻找可能性，开启内在智慧，获得外在助缘，然后去直面困难并把困难解决掉，这样我们就可以用发心成就自己的一番事业。

最后把《事业与人生的最终意义》这篇文章推荐给大家，与君共勉，共享未来。

事业与人生的最终意义

我们做事业的目标，
仅仅是为了要做很大，要赚很多的钱吗？
如果我们想用这个目标一直走下去，
那我们可能真的需要再度深入思考了。

一年又一年，
业绩、人事、利润……
一切都会过去，如过眼云烟，
唯有什么会留下？我们的心！

我们曾经帮助了多少人？
曾经为多少人送去欢乐、幸福？

这个世界有没有因为我的不懈努力，
变得更加和谐、美丽？
我的内心，有没有变得更加纯净？

我们不是为了赞美，
更不是为了赢得别人的关注与认可，
我们只不过在有滋有味地给自己
做着一项净化心灵的锻炼。

亲爱的朋友，
关于事业的真正意义，
您读懂了吗？

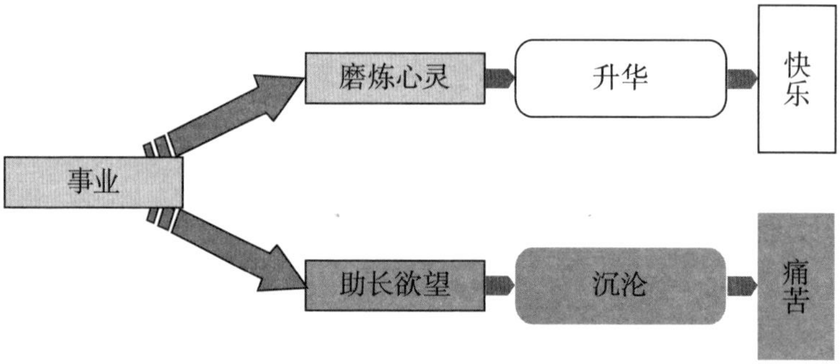

亲爱的朋友：
随着事业的起起落落
我们的心，是不是变得更加善良？
我们的心，是不是变得更加净洁？

我们的心，是不是变得更加安宁？
还是，被事业折磨得混乱不堪，身心疲惫！
事业，有没有让我们变得更加痛苦迷茫？

我们不是事业的奴隶啊，
事业，是我们炼心的道场！

这，才是我们所追求的！
做事业，就是炼心！

奔跑，而不知疲倦，
做事业，而不为事业所伤，
连困难，都是来帮助我们磨炼心灵的。

只要是对他人有益的事情，
就竭尽全力去做。
无须畏惧，也不必在意结果，
做的过程，就是最好的结果。
正是因为人生有疾苦，
才更要把它视为对灵魂的锻炼和考验。
苦难是淬炼心性最好的机会。

把考验视为“机会”，

唯有这样的人，
才能在有限的人生中，
活出属于自己的一页美丽篇章。

这样，无论最后成与败，
我们都是赢家！
因为我们的心，已变得更加智慧明亮。

可是，如果选错了方向，
那无论结果怎样，我们已经输掉了！
能压垮我们的，并不是现实中的困难，
是生活在愚暗、固执中那颗贪婪的心。

人生最终的答案，
并不在于事业的小与大，
而是，是否拥有一颗宁静纯净的心。
心性，才是我们这一生最终的成绩单。

做事业的过程，会吃很多苦，
会经历很多考验和磨砺，
当你坐下来，参悟这些苦时，
你会慢慢逼近生命的真相，
你的心灵会超越，最终获得喜悦和智慧。

稻盛和夫先生说："尽管人在世间尝遍酸甜苦辣，历尽幸与不幸交织起伏的人生，在撒手人寰之前，还是得努力不懈地活下去。这整个过程就像磨刀，让我们提升心性，修养精神，带着比出生时更高层次的灵魂离开人世。"

他还说到，如果你问我："这一生所为何来？"我会毫不犹豫也不带一点骄傲地回答："我是为了做一个比降临人世之初更好的人而来。"换句话说，哪怕只比原本好一点点也无妨，我就是为了带着那净化过的崇高灵魂离开人世而来的。

当我们真正看破的时候，
就是我们真正放下的时候，
正是我们真正可以拿起的时候。

无论我们曾经多么成功、辉煌，
我们的事业，我们的人生，
终会落幕。

万事万物皆有尽时，
繁华不过一掬细沙。

经营我们的人生，
努力地为所有人的幸福而奋斗，

从不懈怠，也不贪执。

这样，回首前尘往事，

我们可以俯仰无愧地说，

这一生，活得清醒，有意义，有价值……